누구나
좋아하는
사람들의
비밀

누구나
좋아하는
사람들의
비밀

1쇄 발행 2018년 4월 30일
3쇄 발행 2018년 5월 30일

지은이 상승미소(이명로)
펴낸이 유해룡
펴낸곳 (주)스마트북스
출판등록 2010년 3월 5일 | 제2011-000044호
주소 서울시 마포구 월드컵북로 12길 20, 3층
편집전화 02)337-7800 | **영업전화** 02)337-7810 | **팩스** 02)337-7811
원고투고 www.smartbooks21.com/about/publication
홈페이지 www.smartbooks21.com

ISBN 979-11-85541-73-0   13190

copyright ⓒ 상승미소(이명로), 2018
이 책은 저작권법에 따라 보호받는 저작물이므로 무단 전재와 무단 복제를 금합니다.
Published by SmartBooks, Inc. Printed in Korea

누구나 좋아하는 사람들의 비밀

상승미소(이명로) 지음

일만 명의
사람에게 배운
공감의 대화법

스마트북스

프롤로그

나를 살린 그 사람의 한마디

2007년, 저는 인생에서 바닥을 치고 있었습니다. 느리게 자라는 두 아이를 둔 아빠로서 돈이라도 풍족해야 잘 키울 수 있다는 조급한 마음에 덜컥 무리해서 한 투자가 잘못되어 큰 손실을 안았습니다. "왜 내게 이런 일이 벌어지는가." 하늘을 원망했습니다. 그리고 11년, 격세지감을 느낄 만큼 변화를 겪었습니다.

인생에서 가장 절망스러웠던 순간, 제게 '기적 같은 반전'을 가져다 준 것은 꾸준함, 독서, 그리고 관계였습니다. 1만 명을 만나서 관계를 이어오고 있으며, 그들을 기다리는 10분의 자투리 시간에도 책을 손에 들었고, 매주 한 편의 글을 꾸준히 써서 카페에 올렸습니다. 그 변화는 지인의 말 한마디로 시작되었습니다.

11년 전, 그때 다니던 회사를 그만두고 지금의 일을 시작한다고 했을 때, 가장 많이 들었던 말은 "6개월도 못 버티고 나올 거야, 그러니까 잘 생각해봐"였습니다. 아내뿐만 아니라 주위 모든 사람들이 걱정하고 또 뜯어말렸지요. 저 자신조차 선택에 확신이 없어 하루에도 수십 번 이랬다저랬다, 갈팡질팡, 마음이 바뀌었습니다. 가장으로서 더 이상 나락으로 떨어질 수는 없었기에 고민과 불안은 깊어질 수밖에 없었습니다. 아직도 그때만 생각하면 긴장되고 가슴이 두근두근합니다.

그런 제가 일을 시작하고, 지금의 자리에 오를 수 있었던 데는 따뜻한 말로 저를 다독여준 한 선배가 있었기 때문입니다. 모두가 'NO'라고 이야기할 때 'YES'를 외쳐준 누군가의 진심이 저를 움직인 거지요. "무슨 특별한 사정이 있었겠지. 너를 안 지가 벌써 10년이야. 내가 아는 너는 무슨 일이든 잘 해내는 사람이니까 이번 일도 분명 잘해낼 거라 믿는다."

그는 누구보다 저를 이해해주었고 용기도 북돋아주었습니다. 저와 제 선택을 믿고 온전히 힘을 실어준 그의 말은 정말 큰 힘이 되었고, 지금까지도 엄청난 원동력이 되고 있습니다.

인생의 가장 절망스러웠던 순간, 저에게 '기적 같은 행운'을 가져다준 것은 바로 그 사람의 한마디였습니다. 그 힘으로 2007년 7월, 저는 인생 제2막을 시작하게 되었습니다.

어떻게 사람의 마음을 얻을 수 있을까

저는 제 성공의 비결을 '사람의 마음'을 얻었기 때문이라고 이야기하고 싶습니다. 이는 많은 사람을 만나면서 터득한 것입니다. 그 시작은 이 일을 시작하고 두 번째 해가 되던 2008년으로 거슬러 올라갑니다. 지인의 소개로 만났던, 모 식당 사장님은 저의 이야기를 한참 동안 듣고 계시다가 갑자기 이렇게 물어보셨습니다.

"명로 씨. 우리 식당은 정말 좋은 재료만 사용합니다. 생칼국수는 하루만 지나도 판매하지 않고 푸드뱅크에 보내고 있어요. 그런데 제가 이렇게 이야기하면 사람들이 제 말을 믿어줄까요?"

"글쎄요. 믿는 사람도 있지 않을까요?"

"네. 분명 제 진심을 아시는 분들은 믿어주실 거예요. 그런데 대부분은 '그냥 하는 소리겠지'라고 생각하며 믿지 않는 것 같더라고요."

"그래서 어떻게 하셨어요?"

"제가 믿어달라고 이야기하는 것은 의미가 없었어요. 손님들이 우리가 진짜 좋은 재료를 쓰고, 하루가 지나면 모두 폐기한다는 것을 믿게 하는 게 더 중요했죠. 우리 진심을 느끼게 하는 것이 필요했던 거예요."

"혹시 그 해법을 찾으셨나요?"

"네. 식당 문을 닫기 직전에 카운터 앞에서 그날 팔다 남은 생칼국수를 무료로 드리기 시작했어요. 그렇게 몇 달이 지나고 나니 많은 분들이 우리 식당의 진심을 믿어주더군요."

"정말 좋은 아이디어였네요."

"제가 이 이야기를 하는 이유는, 저는 친구에게 명로 씨에 대해 여러 번 들어 어떤 분인지 잘 알기 때문이에요. 하지만 다른 분들은 그렇지 않잖아요. 아마 그들은 명로 씨와의 대화에서 이런 느낌을 받을 거예요. '만난 지 한 시간 가까이 본인이 판매하는 상품 이야기만 하잖아. 나에 대해서는 별로 궁금하지 않은가 봐.' 명로 씨, 먼저 상대방의 신뢰와 마음을 얻는 게 우선이에요. 그러려면 고민을 많이 하셔야 할 것 같아요."

누군가에게 신뢰를 얻는다는 것은 상대방의 마음을 얻는 것입니다. 그래야 우리의 진심이 잘 전달될 수 있으니까요.

요즘은 미움 받기를 두려워 말고, 때로는 까칠하고, 주위에도 신경을 끄자고 말합니다. 스마트폰과 소셜 미디어의 등장으로 서로의 동선이나 활동이 실시간으로 노출되는 만큼, 이런 외부적인 자극을 의식하지 말자는 것입니다. 맞는 말입니다. 하지만 우리는 어떠한가요. 해결해야 할 문제가 생길 때면 주변 사람들에게 이렇게 말하곤 합니다.

"누구 아는 사람 있어?"

까칠하게 혼자 살아도, 미움 받으며 홀로 살아도, 타인을 신경 끄고 살아도 우리에게 문제가 생기지 않을 수 없고, 그 문제의 해결책은 대부분 사람과의 관계 속에서 풀어나가게 됩니다. 그만큼 우리 삶에서 사람은 중요합니다. 그러나 사람은 단순하게 알고 지낸다고 해서 얻어지는 것이 아닙니다. 우리의 진심을, 우리의 마음을 상대가 충분히 '느낄' 때 얻어지는 것입니다.

  이 책은 우리의 진심과 마음이 누군가에게 잘 전달되도록 하는 방법에 대해서 기술하고 있습니다. 그것이 하나의 단어나 기술적인 방법으로 해결되는 것이 아니지만, 그렇다고 아주 어려운 것만도 아니라는 점을 이 책을 덮을 즈음이면 분명 느끼게 될 것입니다.

1만 명의 사람들이 들려준 관계 이야기

10년 동안 약 1만 명의 사람을 만났습니다. 학자금 대출을 갚고 있는 사회 초년생부터 수백억대의 자산을 일군 부자들까지, 외향적인 사람부터 내향적인 사람까지, 나이도 직업도 환경도 모두 다른 사람들이었습니다. 그들이 처음부터 제게 모든 이야기를 털어놓았던 것은 아닙니다. 제가 그들의 마음을 얻고, 그들이 제게 마음을 연 그때부터 자신이 어떤 삶을 살아왔는지, 어떤 고민을 가지고 있는지 세세하게 이야기를 풀어놓았습니다.

  구체적으로 어떻게 해주었냐고요? 특별한 것은 없었습니다. 저도 그 선배처럼 그들의 상황에 관심을 갖고, 그들의 감정을 이해해주려고 노력했고, 그들의 선택을 응원하고 용기를 북돋아주었던 것이 전부입니다.

  신기하게도 저는 그들의 이야기에서 관계에 대한 어떤 특별한 공통점을 느끼고 또 많은 것을 배웠습니다. 제가 만난 1만 명의 사람들은 제게 관계에 있어선 모두 스승이셨던 겁니다.

『누구나 좋아하는 사람들의 비밀』의 내용은 거창하지 않습니다. 저의 이야기가 여러분의 이야기이고, 제가 만난 사람들의 이야기가 곧 우리들의 이야기이기 때문입니다. 1만 명의 사람들에게 배운 것들, 즉 어떻게 관계를 맺고 어떻게 관계를 유지해야 하는지, 마음을 표현하는 방법부터 관계의 기술까지 담았습니다.

이 책은 소심하여 관계 맺기가 어려운 분, 일로 인해 맺은 관계를 잘 풀고 싶은 분, 친구나 지인, 동료와 갈등을 겪고 있는 분, 회사나 조직에서 적당한 거리를 두면서도 관계를 잘 풀어가고 싶은 분 등 관계 때문에 고민하는 많은 분들에게 좋은 실마리를 제공해줄 것입니다. 꼬인 관계를 단번에 해결하는 대단한 비결은 없어도 그 단초는 반드시 찾아낼 수 있을 것이라고 확신합니다.

무엇보다 실명으로 혹은 가명으로 사연을 공개하는 데 동의해주신 모든 분들께 감사의 인사를 드립니다. 여러분의 이야기가 누군가에겐 앞으로 살아갈 힘이 될 것이며, 일을 더 잘할 수 있는 능력이 될 것이며, 힘든 관계를 푸는 작은 온기가 될 것입니다.

2018년 4월

상승미소(이명로) 드림

차례

4   프롤로그 나를 살린 그 사람의 한마디

1장
왜 우리가 한 말은 제대로 닿지 않을까
마음 한 칸 더 들어가는 법

16   나는 왜 인복이 없을까, 관계의 품격
23   '밥 한 끼'는 흘려도 '차 한잔' 시그널은 놓치지 마세요
26   내가 힘들 듯 남도 힘들다
29   해결책을 줄까 공감을 줄까
32   말하기 힘든 이야기, 멍석을 깔아줘요
35   제대로 사과하는 법
42   내 마음이 들리나요
45   세상에 당연한 건 없습니다
48   우리가 자주 착각하는 것
52   조언 대신 질문을 던지세요
55   당신의 결정을 응원합니다

2장
왜 내 마음을 모를까
나를 잘 말하고 당신을 잘 읽는 법

60	듣고 싶은 말은 따로 있습니다
65	그저 질문 한마디, 그거면 돼요
68	꼭 해야 할 말은 힘껏 전하세요
73	원하는 것은 아주 작은 '인정' 하나
78	정말 중요한 걸 잊지 마세요
82	해결하지 않아도 괜찮다, 다 괜찮다
89	당신이 힘든 이유는 따로 있습니다

3장
왜 나를 알아주지 않을까
누구나 좋아하는 사람들의 비밀

94	섬세하게 관찰하는 눈, 제대로 표현하는 입
99	살짝 손해보고, 내가 좀더 수고하는 마음
102	다른 사람의 자존감을 높여주는 능력
105	상대방의 입장에서 생각해보기
110	다른 사람을 위해 멍석을 깔아주는 말 습관
113	먼저 좋아하고 먼저 고마워하기
115	좋은 이웃을 만나는 비법
120	감동 백배, 좋은 사람들의 특별한 표현법
126	감동 백배, 좋은 사람들의 특별한 감사 인사법
130	효과 두 배, 좋은 사람들의 특별한 선물법

4장
왜 일보다 사람이 더 힘들까
직장생활, 20퍼센트 쉬워지는 법

136 상사에게 야단맞은 후 대처법
141 험담하는 직원에게 잘 대처하는 법
147 껄끄러운 상사와의 관계를 부드럽게 푸는 법
150 사사건건 반기드는 나이 많은 부하직원 대하는 법
155 거래처 내 편으로 만드는 법
159 승진대상자라면 알고 있어야 할 한 가지
165 언제까지 척할 거냐, 그렇게 될 때까지
168 연봉협상 전 꼭 해야 할 한마디
171 어색한 상대와 매끄럽게 전화통화 하는 법
174 이메일, 문자, 메신저 잘 쓰는 법

5장
왜 자꾸 화가 날까
싫은 사람을 적당히 대하는 법

178 왜 자꾸 화가 날까요
183 정말 안 보면 그만일까요
189 얄밉게 구는 사람 대하는 법
194 인정받길 원하는 사람 대하는 법
198 나를 미워하는 사람 대하는 법
201 괜히 싫은 사람 대하는 법

6장
좀더 좋은 관계, 어떻게 만들까
실전! 공감력 키우는 법

206 　공감, 나는 제대로 당신 편입니다
209 　공감은 흥행 성패의 열쇠
213 　사람은 설득되지 않는다, 생각만 바꿀 뿐
217 　부드러운 대화와 공감을 부르는 멋진 질문들
221 　어떻게 내 말에 귀 기울이게 할까
227 　어떻게 남의 말을 잘 들을 수 있을까
230 　고수들의 공감 대화법
242 　고객을 내 편으로 만드는 공감 대화법
246 　공감을 부르는 글쓰기
251 　차근차근 공감력을 키우는 7가지 방법

260 　에필로그　공감 근력, 쓰면 쓸수록 더 좋아집니다

1

왜 우리가 한 말은
제대로 닿지 않을까

마음 한 칸 더 들어가는 법

나는 왜 인복이 없을까, 관계의 품격

동대문에서 의류사업을 하는 혜지 씨는 지난 19년간 쉼 없이 달려왔습니다. 집안 사정으로 할머니와 함께 살았는데, 이마저도 편치 않았습니다. 경제적으로 힘들었던 할머니는 혜지 씨를 품긴 했지만 따뜻한 사랑보다는 질책과 야단을 치는 경우가 많았습니다. 그래서 늘 할머니 눈치를 보고 살았죠. 학교 친구들은 그런 혜지 씨를 자주 놀리곤 했고요.

고등학교를 졸업한 혜지 씨는 무작정 동대문 의류상가를 찾았습니다. 돈을 벌어야 했기 때문입니다.

혜지 씨는 자신의 열등감을 극복하기 위해 쉼 없이 일했습니다. 10년 전부터는 본격적으로 사업을 시작했고 나름 성과도 거두었습니다. 그런데 문제는 그 다음부터였습니다.

나는 왜 인복이 없을까

혜지 씨는 다양한 아이디어로 여러 사업을 진행하고 있지만, 직원들이 마음처럼 움직이지 않아서 답답해하고 있습니다. 모든 일을 혼자서 할 수는 없는 법이고, 직원들이 움직여주지 않으면 사업을 확장하기 어렵습니다. 자신은 절박한데 직원들은 그렇지 않아서 실망스럽고, 자신이 무능한 게 아닌가 고민도 많습니다.

"올해만 벌써 9명이 퇴사했어요. 월급을 올려주고, 심지어 어떤 직원은 결혼식 축의금으로 200만원이나 줬는데 신혼여행 다녀온 후 바로 그만두지 뭐예요. 후임도 뽑지 않았는데 말이죠. 제가 인복이 없는 것인지, 그렇게 잘해줘도 소용이 없네요."

대기업은 급여도 높고 무엇보다 능력에 따른 평가나 보상, 즉 승진이나 연봉 인상, 상여금 제도가 확실한 편입니다. 하지만 중소기업이나 개인 사업체는 그런 점을 기대하기 어렵고, 사장과 직원 간의 직접적 갈등도 존재합니다. 칭찬 몇 마디나 돈을 조금 더 준다고 해서 이직을 막기는 어렵습니다. 이럴 때 해법은 무엇일까요? 직원들이 사장을 좋아하고 믿고 따르게 하는 것입니다.

"직원들이 혜지 씨를 좋아해야 문제가 해결될 것 같은데요? 사장을 좋아하면 열심히 일할 수 있거든요."

우리는 물론 돈을 벌기 위해 일하지만, 돈이 최종 목적이 되면 관계가 틀어질 수 있습니다. 돈은 마약과 같아서 누군가 더 큰돈을 제시하거나 현재 직장에서 돈을 더 많이 주지 않을 때, 사람들은 회사에 대한 마음을 접습니다. 그래서 돈으로 사람의 마음을 얻는 것은 거의 불가능합니다. 그럼에도 사람들은 계속 돈으로 해결하려 합니다. 왜냐고요? 쉽기 때문입니다.

좋아한다는 건, 존중한다는 것

"직원들이 혜지 씨를 좋아하게 하려면 먼저 직원들을 좋아해야 해요. 학교 다닐 때 좋아하는 선생님의 눈에 들기 위해 열심히 공부했던 것을 생각해보면 이해하기 쉬울 거예요. 좋아한다는 것은 존중한다는 것입니다. 물론 지금도 그런 마음이 있을 것입니다. 제 말은 혜지 씨의 마음을 구체적으로 표현하고, 직원들이 혜지 씨의 마음을 믿게 해야 한다는 겁니다."

사이가 틀어지는 건 실수에 대처하는 방법이 잘못된 것에서 비롯되는 경우가 많습니다.

예를 들어볼까요. 사장이 직원에게 일을 지시했는데, 나중에 확인해보니 아직 시작도 안 했다고 합시다. 사장은 자신이 무시당했다고 느낄 수 있습니다. 그렇지 않더라도 짜증이 나는 건 어쩔 수 없죠. 직원에게 큰소리를 칩니다.

"내가 분명히 이야기했잖아. 내 말이 말 같지 않아? 왜 매번 이러는 거야? 너 믿고 일이나 시킬 수 있겠어? 아휴 답답해."

직원은 이런 질책에 기운이 빠지고 기분이 상해 마지못해 일을 하게 됩니다. 이런 식의 감정적인 대응이 몇 번 오가면 급여를 더 주고 보너스를 챙겨줘도 고마워하지 않습니다. 이 과정에서 느낀 모욕감은 그동안 쌓았던 신뢰관계를 형식적인 관계로 바꿔버립니다.

이럴 땐 미래 시점으로 상황을 해결해야 합니다. 어차피 벌어진 일은 되돌릴 방법이 없으니 속상한 마음을 접고, 미안함을 느껴 더 열심히 할 수 있도록 상황을 만들어야 합니다. '혹시 내가 모르는 무슨 일이 있지 않을까?'라고 생각하며, 직원에게 왜 일을 처리하지 않았는지 물어보는 겁니다. 물론 감정은 배제하고요.

"오전에 내가 부탁한 일, 아직 안 된 것 같은데 무슨 일 있었어요?('시킨 일'이라는 표현보다는 '부탁한 일'이라는 표현이 더 존중하는 느낌을 줍니다.)"

"죄송해요. 제가 깜빡했네요"라는 답이 돌아오면 "지금 급하니까 빨리 해줄 수 있어요?"라고 말하면 되고, "다른 급한 일이 있어서 그것부터 해결한 후 하려고 했어요"라는 답이 돌아오면 "그랬군요. 지금 이게 더 급한데 이 일부터 처리해줄래요?"라고 말하면 부드럽게 일이 진행됩니다.

예측 가능한 사람 되기

"지난번에도 비슷한 조언을 해주셨잖아요. 예측 가능한 사장이 되어야 한다고요. 정말 맞는 말씀이라고 생각하는데 저는 왜 이렇게 안 되는 걸까요? 화가 나면 다짜고짜 말이 먼저 나가 상대방 기분을 상하게 하고는 나중에 후회해요. 제가 능력이 안 되는 거죠?"

"학교 다닐 때 밖에서는 부모 없는 아이라 무시당하고, 집에서는 할머니 눈치를 보며 숨죽이고 살았잖아요. 그런 상황을 극복하고 이 정도로 자리 잡는 거, 아무나 할 수 있는 일이 아닙니다. 과거 아픔을 극복하고 현재 이루어낸 것만 객관적으로 봐도 혜지 씨는 괜찮은 사람이지 않습니까."

사랑도 받아본 사람이 더 잘합니다. 혜지 씨의 실수는 할머니에게 받은 야단과 질책을 직원들에게 그대로 적용한 것이었죠. 자신이 무의식적으로 그렇게 하고 있다는 것은 잘 모르고 있었던 것입니다. 화를 내더라도 일관성이 있어야 하고, 싫은 소리를 하더라도 선을 지켜야 합니다. 이는 보통 어린 시절부터 부모님이나 주위 어른의 행동을 통해 습득하는 경우가 대부분입니다. 만약 적절한 시기에 배우지 못했다면 독서나 조언, 자기 성찰 등 노력을 통해 익혀야 합니다.

"나름대로 노력한다고 하는데도 늘 제자리 같고. 저는 사장 자질이 없나 봐요."

"혜지 씨, 먹고사는 문제로 하루하루가 전쟁인 삶을 살았잖아요. 그러니 자신을 너무 몰아붙이지 마세요. 나도 그래요. 혜지 씨에게 사람을 존중하며 공감하자고 이야기하지만 안 될 때가 많아요. 중요한 건 문제가 있다는 걸 느끼고 있는 거죠. 아예 모르거나 무시한다면 개선할 방법도 없잖아요. 자꾸 의식하고 노력해서 조금씩 바꾸면 됩니다."

우리 뇌는 성인이 되면 체중의 약 2~3%만 차지하지만, 하루 에너지 소모량의 약 20%를 사용한다고 합니다. 그래서 우리 뇌는 에너지를 적게 쓰는 방법을 선호하죠. 해온 대로 하려는 습성이 있는 것입니다. 새로운 것에 대한 거부감이 있는 것 또한 인간의 뇌가 갖고 있는 이러한 속성 때문입니다. 나도 혜지 씨도, 그리고 이 글을 읽고 있는 여러분도 마찬가지입니다. 자신이 가진 기질과 단점을 바꾸는 건 어렵습니다. 스스로 꾸준하게 노력해야만 합니다.

타인이 나를 좋아하게 만드는 방법, 말은 쉽습니다. 문제는 실천하기가 어렵다는 점입니다. 어렵지만 하나씩 노력하는 모습을 보이게 되면 사람들이 인정을 해주고 칭찬을 해주게 됩니다. 그렇게 되면 변화하려는 노력에 스스로 만족하며 힘을 얻게 됩니다. 남을 존중하지 못하는 이유가 무엇일까 고민하고 질문하는 것만으로도 관계는 충분히 개선될 것입니다.

두 가지 당부

내 이야기를 들으며 혜지 씨의 표정도 조금씩 풀렸습니다. 나는 혜지 씨에게 두 가지 당부를 했습니다.

"배가 고프고, 일이 안 되고, 잠을 못 자고, 스트레스를 받고, 몸이 아프고, 체력이 안 되고, 화가 나 있고, 거래처가 속을 썩이는 등 여러 이유로 기분이 안 좋을 때는 또 '욱' 하고 옛날로 돌아갈 수 있습니다. 이런 상황에선 인내심이 줄어들거든요. 그러니 직원들과 대화를 할 때 자신이 이런 상황이다 싶으면 나중에 이야기하자고 하는 게 좋습니다."

"네. 꼭 명심할게요."

"꼭 기억해두세요. 직원이 혜지 씨의 지시사항을 잊었다고 해서 혜지 씨를 무시하는 게 아니에요. 예전에 할머니에게 혼날 때 그런 생각을 많이 하지 않았나요. 어질러진 건 치우면 되고, 흘린 건 걸레로 닦으면 되는데 할머니는 왜 자꾸 나를 혼내고 화를 내실까, 하고요.

직원들에게 혜지 씨가 어렸을 적에 당한 걸 똑같이 느끼게 하지 말아야 해요. 어려운 시기를 잘 극복하고 이렇게 훌륭한 성과를 이루어낸 참 괜찮은 사람이잖아요. 이제 새롭게 마음을 먹고 잘 해낼 것이라 믿어요."

'밥 한 끼'는 흘려도
'차 한잔' 시그널은 놓치지 마세요

"저 구세종입니다. 우리 차 한잔 하시죠?" 구세종 씨는 모 증권사 전산팀장으로 일하고 있습니다. 그가 과장일 때 처음 만났으니 안 지도 꽤 오래 되었습니다. "그래요. 다음 주 월요일 오후에 만나죠."

누군가가 갑자기 전화를 걸어와 "차 한잔 어때요?"라고 한다면 흘려듣지 마세요. "제 이야기 좀 들어주세요"라는 신호를 보내고 있는 것입니다.

"언제 밥 한번 먹자" "식사나 한번 해요"라는 말은 별 뜻 없고 기약 없는 인사일 수 있지만, '차 한잔'은 대화 상대가 필요하다는 뜻입니다. 이런 신호에는 빨리 반응하는 것이 좋습니다.

사람의 체온은 36.5도이고 체온이 떨어지면 생명이 위험하죠. 마음의 온도도 마찬가지입니다. 사람들은 정서적, 감성적 온도를 갈망합니다. 그러나 디지털 시대에 따뜻함을 느끼기란 쉽지 않습니다. 문자, 모바일 메신저, DM(Direct Message) 등 대화수단은 다양해졌지만, 상대방의 눈을 바라보며 몸짓언어를 함께 구사하는 대화는 줄어들고 있습니다. 디지털 소통수단은 손쉽게 이용할 수 있지만, 표정까지는 전달하지 못하며 불필요한 오해를 낳기도 합니다. 그래서 더욱 얼굴을 마주보는 대화가 그리울 때가 있습니다.

그러므로 "차 한잔 어때요?" "차 한잔 하시죠?"라는 시그널은 놓치지 않는 것이 좋습니다.

말하는 대화보다 듣는 대화가 귀하다

대화에는 말하기와 듣기가 있습니다. 보통 들어주는 것이 말하는 것보다 4배 이상 어렵다고 합니다. 들어주기 위해서는 언어 자체보다 상대의 몸짓이나 표정에 더 집중해야 하기 때문입니다.

사람들은 듣기보다 말하기를 좋아합니다. 그래서 자신의 말을 잘 들어주는 경청 능력이 좋은 사람은 인기가 높습니다.

광화문에서 세종 씨와 만나 한 시간 정도 대화를 나누었습니다. 세종 씨는 자신의 문제를 이야기했고, 나는 귀를 기울여 듣고 어떻게 할 것인지 묻고 그의 결정을 응원해준 것이 전부였습니다. 헤어질 때 그는 밝은 표정으로 악수를 하면서 나에게 감사 인사를 했습니다.

  사실 세종 씨는 자신의 문제에 대한 해답을 이미 알고 있었습니다. 내가 커다란 해법을 준 것도, 가르침을 준 것도 아닙니다. 그럼에도 그는 고맙다고 했습니다.

  사람들이 말을 하는 가장 큰 이유는 '들어달라'는 것입니다. 그리고 자신의 감정 상태 또한 이해해달라는 것입니다. 내가 속상했던 일을 말하면 함께 속상한 표정을 지어주고, 기쁜 일이나 자랑할 만한 이야기를 하면 함께 기뻐해주기를 원하는 것이지요. 내 이야기에 반응하고 공감해주기를 바라는 마음은 어려울수록 더욱 절실하게 마련입니다. 누군가 내 이야기를 들어주는 것만으로도 힘을 얻을 수 있으며 다시 한번 도전할 희망을 갖기도 합니다. 위로와 격려는 입이 아닌 귀가 하는 것일지도 모르겠습니다.

내가 힘들 듯
남도 힘들다

처음 나가는 모임이나 동호회 등에 가면 심하게 긴장했습니다. 아는 사람은 없을까 두리번거렸고, 누가 말을 걸어주지 않을까 기대하며 어색하게 서 있곤 했습니다.

처음 보는 사람에게도 적극적으로 인사하거나 말을 거는 사람들을 보면 참 부러웠습니다. 나는 왜 그렇게 쉽게 용기 내지 못하는지 속상했고요. 고민 끝에 요즘은 먼저 다가가고 말을 걸고 있습니다. 그랬더니 마음도 편해지고 사람들과의 관계도 더 쉬워지는 것 같아 습관화하려고 노력 중입니다.

그런 나의 변화를 보고, 자신이 내성적인 사람이라 모르는 사람과 인사를 하는 것조차 힘들다며 어떻게 하면 좋겠냐고 묻는 분들이 많습니다. 그때마다 나는 이렇게 답변을 드리곤 합니다.

"모임에 처음 나가면 내가 아는 사람은 없나 찾는 게 제일 먼저

이고, 아는 사람이 없으면 누군가 먼저 내게 말 걸어주고 다가오면 좋겠다고 기대하잖아요. 그런데 다른 사람들도 마찬가지 아닐까요? 내가 힘들 듯 상대방도 똑같이 부담스러워할 겁니다. 그렇다면 '내가 먼저 용기를 내서 말을 걸어보자. 그럼 고마워하며 좋아해줄 것이다'라고 생각하며 먼저 인사를 건네는 것은 어떨까요."

왜 내가 먼저 다가가야 하죠?

어떤 사람들은 이렇게 말합니다. "저 사람하고 친하게 지내고 싶은데 저를 좋아하지 않는 것 같아서 그럭저럭 지내고 있어요." "왜 내가 먼저 다가가야 하죠?" "왜 내가 먼저 좋아해야 해요?"

지구상에 인류가 출현한 건 수백만 년 전이지만, 지금처럼 모여 살게 된 것은 인류 출현 기간의 7%에 지나지 않는다고 합니다. 93%의 기간 동안 수렵채집을 하며 원시인으로 살았습니다. 당시 처음 만나는 대상(사람이든 짐승이든, 심지어 식물일지라도)은 무조건 경계했습니다. 이는 오랜 수렵채집 생활에서 짐승보다 약한 인간이 살아남을 수 있는 방법이었습니다. 처음 보는 동물이나 타 지역 사람들이 어떤 성향인지 파악하기도 전에 접근했다가 목숨을 잃을 수도 있으니까요. 적인지 친구인지 알지 못하기에 긴장하고 조심스럽게 그 대상을 알아가는 과정이 필요했습니다.

인간은 본성적으로 처음 보는 사람을 경계합니다. 원시인류의

습성이 현대를 살아가는 우리에게 그대로 남아 있는 것입니다. 첫인상에 신경을 쓰고, 나의 의지나 실제와는 상관없이 다른 사람이 나를 나쁘게 보지 않도록 외모나 말투 등에 주의를 하는 것도 인간의 진화에 따른 특성에서 기인하는 것입니다.

친화력이 좋아 보이는 사람도 사실은 긴장하며 용기를 내 먼저 말을 걸고 있다고 생각하면 틀리지 않습니다. 다른 사람들이 쉽게 친해지는 모습을 부러워하는 것보다는 내가 용기 내어 먼저 다가가면 어떨까요. 그러면 내가 부러워하던 사람들의 모습이 바로 내 모습이 될 것입니다.

해결책을 줄까
공감을 줄까

2007년 7월 1일은 내가 새로운 직장으로 출근하는 날이었습니다. 출근 전날인 6월 30일, 두 명의 지인이 각각 나를 찾아왔습니다.

한 친구는 자신이 추천하는 회사에 가서 면접을 보라고 하더군요. 설사 내가 보험 일을 하더라도 6개월 안에 그만둘 것 같다면서요. 이미 사장님께 나의 입사까지 추천해놓은 상태였습니다. 새로 보험업계에 들어가는 것보다는 지금까지 경력을 쌓아온 금융권 일을 계속하라고 권유하기 위해 강남에서 내가 사는 동네인 수락산역까지 달려와 주었습니다.

그 친구가 돌아간 후, 근처 사는 선배가 찾아왔습니다. 그는 내가 무슨 이유로 잘 다니던 회사를 그만두고 보험 관련 일을 하려는지 물었습니다. 그는 내 이야기를 듣고 싶어 했습니다. 나는 담아둔 속 이야기를 했습니다. 이야기를 다 들은 선배는 이런 말을 하더군요.

"너에게 그런 사정이 있었구나. 난 너랑 친하다고 생각했는데 네가 그런 형편인 줄은 전혀 몰랐다. 미안하다. 너를 안 지가 딱 10년이네. 내가 아는 너는 무슨 일이든 잘하는 사람이었으니 이번 일도 분명 잘할 거라고 생각한다."

입을 가져올까 귀를 가져올까

세상이 변하고 영업이 경쟁력이라고 말하는 사회이지만, 아직도 보험설계사라고 이야기하면 색안경부터 쓰고 바라봅니다. 아내 역시 입사 전, 의견을 물었을 때 반대하면서 처갓집을 상대로 영업하면 이혼할 거라 엄포를 놓기도 했으니까요(물론 아내는 이렇게 말한 지 정확하게 두 달 만에 내 모습을 보고 적극 지지해주었습니다).

출근하기 하루 전인 6월 30일, 그날 하루는 매우 길었습니다. 나 스스로도 출근을 해야 할지 말아야 할지 갈팡질팡했습니다. 친구 말대로 몇 달 안에 그만두면 어떡하지, 과연 내가 잘 할 수 있을까, 수많은 생각에 마음이 어지러웠습니다.

그러나 무슨 일이라도 잘할 거라고 격려해준 선배를 생각하며 용기를 냈고, 새 직장에 첫 걸음을 디뎠습니다. 선배의 격려 한마다는 내가 12년째 이 일을 잘해나가고 있는 가장 큰 원동력이 되었습니다.

나를 찾아준 친구와 선배 모두 나를 위해 시간과 노력을 들이고 귀한 걸음을 해준 고마운 사람들입니다.

그럼에도 나는 친구에게서는 고마움보다는 불편함을 느꼈고, 선배에게는 큰 힘을 얻었습니다. 친구는 말과 해결책을 가져왔지만 선배는 귀와 공감을 가져왔기 때문입니다. 말하는 입은 자신에게, 듣는 귀는 상대방에게 더 관심을 기울입니다. 선배는 나의 관점과 처지에서 나를 이해하고 용기를 주었습니다. 이처럼 내 선택을 믿어주고, 내 고민을 들어주며, 내 감정을 알아주는 사람이 있다는 것은 인생을 살아가는 데 정말로 큰 힘이 됩니다.

말하기 힘든 이야기,
멍석을 깔아줘요

 "오늘 소주 한잔 할 수 있어요? 정말 외롭습니다." 광화문에서 근무하는 김 부장님의 전화였습니다. 김 부장님을 만나 조심스럽게 외로움의 의미를 물었습니다.
 "아내가 암 치료를 시작한 지 8개월이 지났습니다. 정말 힘드네요. 회사 일에 집안일에 중학생 애들도 챙겨야 하고요. 아내는 내게 모든 푸념과 짜증을 퍼붓습니다. 며칠 전, 너무 답답해서 회사 근처에서 혼자 소주 한잔 하고 있는데 입사 동기가 아내가 투병 중인데 빨리 집에 안 가고 뭐하냐고 하지 않겠어요. 힘들어도 힘들다고 말할 수 없으니…. 오죽 답답하면 제가 명로 씨에게 이런 말을 하겠습니까?"
 머리를 한 대 크게 맞은 느낌이었습니다. 많은 사람들에게 위로와 격려를 해주려고 노력했는데, 다시 생각해보니 무늬만 그런 것이었나 봅니다. 환자 가족의 그런 고충에 대해서는 한 번도 생각해보지 못했습니다. 나만의 생각으로 타인의 처지나 감정을 정의하고 지레 결론을 내리고, 상대방이 어떤 상황인지 궁금해하지도 않았다니 참 후회가 되었습니다.

해줄 수 있는 게 있다

이런 비슷한 경험이 한 번 더 있었습니다. 미국 지사에 발령을 받아 근무 중인 이 팀장님. 위암 2기 판정을 받고 수술 후 다행히 완치되었습니다. 이 팀장님은 평소에도 페이스북 활동이 활발했는데 투병 중에도 놓지 않고 더 많은 글이 올라왔습니다. 병문안을 가서 그 이유를 물었더니 이런 말씀을 하시더군요.

"처음에 암이라는 이야기를 들었을 때 내가 죽을 수도 있겠구나 싶은 생각이 들었어요. 암 수술 후 내 이야기를 페이스북에 올렸더니 많은 사람들이 격려와 응원 메시지를 주셨어요. 그런데 시간이 지나면서 면회 오는 사람도, 문자를 보내주는 사람도 줄어들더군요. 이렇게 내가 잊혀져가는 것은 아닌지 걱정됐어요. 내 글을 보고도 소식을 듣고도 아무 연락이 없는 사람들에게 정말 서운했어요. 그런 한편 나를 되돌아봤어요. 생각해보니 지인이나 친구들이 입원하거나 수술했을 때, 나 역시 괜찮겠지 혼자 결론을 내버리고 연락을 안 했던 적이 많았더라고요. 어떻게 삶을 살아가야 하는지 제대로 배웠습니다."

이 팀장 말씀에 나도 자신을 돌아봤습니다. 친구나 지인이 아프다는 이야기를 들어도 '내가 해줄 수 있는 것도 없는데' 또는 '아픈 사람한테 물어보는 것이 더 미안한 것 같아서'라는 생각에 따로 연락을 하지 않았던 적이 많았습니다.

그날 이후 아프거나 외롭다는 친구나 지인에게는 적극적으로 전화나 문자메시지로 연락합니다. 내 기준이나 생각으로 상대방의 감정이나 생각을 결론내지 말아야겠다고 결심한 것이죠.

이제 지인 중에 가족이 투병 중인 사람이 있으면 "치료 때문에 많이 힘들죠? 전에 어떤 분이 이런 말씀을 해주신 적이 있어요"라는 말로 위로를 드리며 커피든 아이스크림이든 소주든 같이하면서 그분의 말씀을 듣는 시간을 만들려고 노력하고 있습니다.

스스로 말하기 곤란하거나 힘든 이야기를 먼저 꺼내주고, 그가 말할 수 있도록 물꼬를 터주는 것, 그것이 상대방을 배려하고 편하게 하는 공감력입니다.

제대로
사과하는 법

　　　　　　　　일주일 동안 해외출장을 다녀온 혁준 씨는 어젯밤에 서울에 도착했습니다. 출장은 정말 강행군, 바이어의 요구를 들어주느라 식사도 제대로 챙기지 못했을 정도로 정신이 없었습니다. 출장지 도착 첫날, 바빠서 연락이 어려우니 한국에 도착하면 전화하겠다고 여자친구에게 문자를 보낸 게 전부네요.

　혁준 씨 여자친구는 출장 기간 내내 일에 방해가 될까 봐 연락을 하지 않았습니다. 어젯밤에 인천공항에 도착하긴 한 건지, 기다리다 지쳐서 잠이 들었고 아침에 전화를 했더니 전화기도 꺼져 있네요. 저녁이 다 되어서야 연락이 닿았습니다. 여자친구는 화를 많이 냈습니다.

"내가 잘못했다. 이제 그만 화 풀자."

"뭘 잘못했는지 알기는 하는 거야?"

"연락 못 해서 미안하다고. 너무 피곤해서 그랬다고 했잖아. 출장 가서 밥도 제대로 못 먹고 일했어. 미안하다고 사과까지 했는데 그러면 도대체 뭘 어떻게 해야 되냐? 네가 이해 안 해주면 난 어디 가서 내 편을 찾겠냐?"

실제 많은 청춘남녀가 겪는 장면 아닌가요. 남자는 사과를 했는데, 여자는 도무지 화를 풀지 않습니다.

도대체 무얼 잘못했냐고

여자가 중요하게 생각하는 것은 그냥 미안하다는 말이 아닙니다. 무엇을 잘못했는지 알고 사과를 하느냐는 것입니다. 그러나 공감력이 부족한 남자는 사과를 했으니 됐다고 마무리하려고 합니다. 이런 상황은 비단 청춘남녀만의 문제가 아닙니다. 사회생활을 하면서 자주 발생하는 일이기도 하니까요.

누구나 실수를 합니다. 사람 사이에 오해가 자주 생기기도 하고요. 어떻게 오해를 풀고 어떻게 사과를 하느냐에 따라 실수를 범했던 사람과 더 친해질 수도 있고, 관계가 완전히 틀어질 수도 있습니다. 사과를 한다면서 변명을 하거나 핑계를 대면, 사과를 받는 쪽에서는 상대의 진정성을 의심하게 되고 더 큰 상처를 입기도 합니다.

사과의 첫 번째 조건은 자신이 어떤 실수를 했으며, 그 실수로 상대방이 어떤 상처나 수고를 겪게 되었는지 아는 것에서 시작합니다. 무엇을 잘못했는지도 모르면서 하는 사과는 그 순간의 어정쩡함이나 불편한 상황을 벗어나기 위한 미봉책에 불과합니다.

여자친구가 화난 이유는 단순히 연락을 하지 않아서가 아닙니다. 남자친구가 바쁜 것, 피곤한 것을 알고 있었습니다. 그럼에도 화가 난 것은 '존중받지 못했다'는 느낌을 받았기 때문입니다. 여자친구가 걱정하고 연락을 기다린다는 것을 알면서도 그 마음을 무심코 무시해 상처를 입은 것이지요.

왜 상처받았을까 헤아려야 한다

"미안해. 내가 생각이 짧았어. 네가 걱정하고 연락 기다릴 줄 알면서도 피곤하다는 이유로 전화를 안 해서 많이 속상할 거야. 나였어도 존중받지 못한다고 느꼈을 것 같아. 어떤 변명도 하지 않을게. 용서해줘."

여자친구가 왜 상처를 받았는지에 대한 깊은 고민이 있어야 사과가 진심으로 다가설 수 있습니다. 하지만 이때 주의해야 할 것이 있습니다. 지금 시점에 대한 이야기만 해야 한다는 것입니다.

혹시라도 사과하면서 "예전에 너도 그렇게 해서 서운하게 했잖아"라는 식의 부연을 달면 싸움은 더 커지게 됩니다.
"그래, 미안해. 생각이 짧았다. 네가 존중받지 못했다고 느꼈을 수도 있다는 점 이해할게. 그런데 지난번에 너도 가족여행 갔을 때 연락 안 했잖아. 그때 난 쿨하게 넘어갔어. 그러니까 이번에 너도 좀 넘어가."
이렇게 과거의 일이 끼어들면, 이제 둘은 과거의 일을 하나둘씩 꺼내 싸우는 순서로 넘어가게 됩니다. 이런 사과는 안 하는 것보다 못합니다. 지금 벌어진 일에 대해서만 생각을 해야 진짜 사과를 하는 것입니다.

상대방이 중심인 사과

사과는 내가 아닌 상처받은 상대방이 중심이 되어야 합니다. 나의 행동으로 서운했다거나 상처를 받았다고 이야기하면, 상대방의 입장에서 그 점을 받아줄 수 있어야 합니다. 나의 관점에서 그걸 아니라고 부정하면, 그건 사과가 아니라 해명이 됩니다. 사과는 상대방이 입었을 상처를 인정하는 것에서 시작하는 것입니다. 그 감정이 잘못된 것이라고 설득하려 하면 역효과가 납니다.
"내가 전화 안 한 것은 맞아. 그 점은 사과할게. 그런데 겨우 전화 때문에 존중받지 못한다고 느끼는 것은 오버라고 생각해. 내가 얼마나 너를 존중하는지 그건 너도 알잖아?"

상대방의 감정은 그의 고유한 것이지, 내가 통제할 수 있는 것이 아닙니다. 내가 느끼는 것은 의미가 없고, 상대방이 그렇게 느꼈다고 공감하는 것이 중요합니다. 만약 상대의 감정을 인정하지 못하겠다고 하면 사과가 아니라 싸움이 되는 것입니다.

여기서는 남녀 사이의 문제를 소개했지만, 사회생활에서 사과할 때도 꼭 지켜야 할 원칙입니다. 실수 후 사과를 잘못해서 문제를 훨씬 더 키우고, 심지어 자리마저 위태로워지는 경우를 심심찮게 봅니다.

기억해두세요. 사과에는 세 가지 원칙이 있습니다. 첫째, 내가 무엇을 잘못했는지 제대로 알아야 합니다. 둘째, 지금 벌어진 그 일에 집중해야지 과거의 다른 일을 꺼내면 안 됩니다. 셋째, 상대방이 느꼈을 감정이나 기분을 상대방의 입장에서 받아줄 수 있어야 합니다.

이 세 가지가 충족되지 않으면 사과를 받는 사람은 사과하는 사람의 진정성을 의심하게 되고, 사과를 진심이 없는 면피용 말이라고 간주하게 됩니다. 싸움은 더 커지고 돌이키기 힘든 상황이 되어버리는 것이죠.

무엇을 잘못한 건지 모를 때의 사과법

아무리 생각해도 내가 무엇을 잘못했는지 모를 때가 있습니다. 그럴 때는 사과를 어떻게 해야 할까요? 사람과의 관계에서 가장 중요한 것은 진심입니다. 내가 무엇을 잘못했는지 모를 때는 솔직하게 인정하고 그 점을 알려달라고 하는 게 좋습니다. 상대방이 어이없는 표정을 지을 수는 있지만, 대부분은 그 이유를 상세히 설명해주게 됩니다.

"아무리 생각해도 모르겠어. 사과를 하더라도 내가 무엇을 잘못했는지 제대로 알고 사과하는 게 맞잖아. 부탁인데 그 점을 정확하게 이야기해줬으면 해. 제대로 알아야 다음번에 똑같은 실수를 안 할 수 있잖아. 부탁이야."

"난 전화를 안 한 것도 섭섭했지만, 기다리고 걱정할 나를 배려해주지 않은 점이 더 속상해. 그럴 때마다 나는 존중받지 못하고 있다는 생각이 들거든. 나를 사랑하기는 하는 걸까? 이런 생각이 들어서 정말 속상했어."

"아, 그렇구나. 네 입장에서 그런 생각이 드는 것이 당연한 것 같아. 피곤해도 기다리고 걱정하는 거 아니까 문자라도 보내줬어야 했는데 그러지 못해 정말 미안해. 앞으로 다시는 이런 일이 없도록 주의하고 노력할게."

마음을 담아 상대방이 그걸 느끼게 하는 사과는 나의 진심도 전달해줍니다. 그런 사과는 나의 자존심이 뭉개지는 것이 아니라 오히려 나를 돋보이게 합니다. 그래서 자존감이 낮은 사람은 쉽게 사과하지 못합니다. 진다고 생각하니까요. 자존심 상한다고 표현하는 것도 같은 맥락입니다.

상대방이 왜 화가 났는지, 나의 잘못이 무엇인지 정확하게 알고 그 점을 상대방의 관점에서 제대로 이해하고 받아주고 표현하면 상대방의 자존감이 높아지게 됩니다. 내가 했던 실수가 상대의 자존감도 올려주고, 서로의 관계도 더욱 돈독하게 만들어주는 것이지요. 이런 이유에서 올바른 사과가 필요한 것입니다.

내 마음이
들리나요

오늘은 사랑하는 여자친구 선영 씨의 생일입니다. 창삼 씨는 꽃다발도 준비했고 고급호텔의 뷔페도 예약했습니다. 회사일이 너무 바쁘고 실적 압박까지 있어서 평소 여자친구에게 시간을 많이 할애하지 못했지만 오늘만은 하루를 통째로 비워두었습니다. 그런데 여자친구의 반응이 창삼 씨 예상과 다릅니다.

"꽃다발이 전부야? 저녁은 또 뷔페고, 선물은 없어?"
"요즘 내가 얼마나 바쁜 줄 알고 있잖아. 그래도 널 위해 오늘 온전히 시간을 냈는데도 불만이야?"
"정말 너무한다. 1년에 딱 한 번인 생일인데 마음 좀 담아주면 안 돼?"

"마음을 담아서 준비했잖아. 성의를 무시하는 것도 아니고 너 정말 왜 그래?"

"으이그! 정말 내가 말을 말아야지. 너무하는 것은 내가 아니라 당신이야."

"도대체 뭐가 문제인데? 시간도 쓰고 돈도 썼는데 뭘 잘못했다는 거야?"

"정말 몰라? 내가 꼭 말을 해야 알겠어?"

이 글을 읽고 있는 분들의 반응은 두 갈래로 갈립니다. 특히 남자들은 창삼 씨처럼 '도대체 뭐가 잘못됐지?'라고 생각할 것입니다. 반대로 여성들은 여자친구의 마음에 공감하며 속상했겠다고 생각할 것이지요.

내 마음을 구체적으로 말해주세요

앞의 대화에서 선영 씨와 창삼 씨는 둘 다 잘못하고 있습니다. 누구나 상대방의 마음을 속속들이 읽기는 어렵습니다. 눈치가 아무리 빠른 사람이라도 상황에 따라, 사람에 따라, 경험에 따라 마음읽기의 차이가 있습니다. 상대방이 내 마음을 알아주면 가장 좋겠지만, 그렇지 않다면 감정을 다스리며 내가 왜 속이 상하고 화가 났는지를 구체적으로 말해주고, 상대를 납득시켜야 관계가 좋아집니다.

"많이 바쁜 것 알아. 나 때문에 일에 소홀해서 실적이 나빠지는 것은 나도 싫어. 내가 원하는 것은 그렇게 바쁜 중에도 '나를 항상 생각하고 있구나, 나를 위해 최선을 다하고 있구나'라고 느끼게 해달라는 거야. 작년 생일에도 꽃다발과 뷔페였잖아. 그런데 올해도 똑같으니까 정말 속상했어. 날 위해 노력하는 마음이 느껴지지 않아서."

"아…, 그랬구나."

"그리고 선물도 그래. 그냥 돈만 주면 내가 무슨 생각을 할까? 작은 선물이라도 마음을 전하는 조그만 엽서나 메모를 같이 주었다면 이렇게 서운하지 않았을 거야."

그녀가 원하는 것은 '더 존중받는' 관계입니다. 아니 '존중받고 있는 것을 느끼고 싶은' 관계인 것이지요. 표면적이고 형식적인 관계를 넘어 서로를 아끼고 그 마음을 주고받는 세심함을 얻고 싶은 것입니다. 이는 연인 관계를 넘어 가족, 회사, 사회 관계에서도 예외가 아닙니다.

마음을 알아주는 관계를 형성하기까지는 시간이 걸립니다. 이익 관계는 사람을 즉각적으로 움직이게 하지만, 마음의 관계는 그 진심을 받아줄 때 시작됩니다. 그런 관계는 시작이 어려울 수 있을지라도 오랫동안 지속된다는 점을 기억하세요.

세상에 당연한 건
없습니다

작년 6월에 만난 어느 부부는 맞벌이를 계속 해왔음에도 자산이 상대적으로 적었습니다. 월급이 높은 편은 아니었지만, 그 정도 수입에 결혼 13년차면 대략 모으는 자산의 평균치라는 것이 있는데 한참 모자랐지요. 그 이유는 이랬습니다.

"결혼 첫 달부터 지금까지 13년 동안 매월 130만원씩 시부모님 생활비를 드렸습니다."

도와드리는 것은 당연하죠

이 이야기를 듣고 깜짝 놀랐습니다. 적금 만기도 1년이 가장 많고 길어야 3년입니다. 3년 만기 적금을 만기에 타는 사람은 전체 가입자의 10%가 안 됩니다. 내가 쓰기 위해 모으는 적금도 3년 만기를 지켜내기가 힘든데, 무려 13년이나 매달 130만원씩 생활비를 꼬박꼬박 드렸다니 정말 대단하지 않나요. 나도 모르게 놀란 표정을 짓자 남편은 당연한 것이라고 말하더군요.

그런데 아내에 대한 미안함과 감사함을 표현하지 않았습니다. 맞벌이가 아니었다면 부모님에 대한 남편의 마음이 아무리 간절해도 그 큰돈을 드리는 게 가능했을까요?

당연한 일은 없다

"남편이 말한 것처럼 어쩔 수 없으니까요."

"아내분, 정말 대단하시네요. 꼭 칭찬받으셔야 합니다. 제가 다 숙연해집니다. 말씀이야 어쩔 수 없는 일이라고 하셨지만, 13년 동안 남편에게 말 못 했던 속상한 순간이 많았을 것입니다. 해외여행을 가는 친구들이 부러웠을 수도 있고 친구들이 "너는 왜 그렇게 사니? 나 같으면 못 한다"라고 할 때마다 마음이 아프셨을 것 같아요."

아내는 눈물을 글썽이더군요. 지난 긴 시간 동안 남편도 알아주지 않은 자신의 마음을 생전 처음 본 사람이 알아주었으니까요.

사람들, 특히 가까운 가족이 서로에게 상처를 줄 때는 대부분

이런 상황입니다. 누군가가 어쩌다 한 번 선심 쓰는 5천원의 밥값에도 우리는 고맙다는 말을 아끼지 않습니다. 하지만 가족이 오랫동안 지속적으로 베푸는 배려는 당연한 것으로 여기며 그냥 지나칩니다. 배려를 당연함으로 지나치는 것이 누적되면 상처가 되는 것입니다.

내가 수많은 사람들을 만나며 배운 것이 있다면 사람은 오로지 공감과 감동에 의해서만 움직인다는 점입니다. 진짜 힘이 들 때 그 상황을 이겨내는 에너지는 가족의 인정과 감사함 그리고 진심을 담은 고맙다는 말 한마디입니다.

우리가 자주
착각하는 것

언젠가 들었던 모녀의 대화입니다.

"엄마. 남자가 왜 이렇게 쪼잔한지 모르겠어. 아끼는 것도 좋지만 쓸 때는 써야 하는데 답답해 죽겠어. 내가 그렇게 이야기해도 고친다 고친다 하면서 그대로야."

"그래서 그만 만나라고 했잖아."

"엄마! 진짜 왜 그래? 좀 듣고만 있으면 안 돼?"

내 편이 되어주세요

우리가 착각하는 것이 있습니다. 상대방이 나에게 무언가를 이야기하는 건 해결책을 바라기 때문이라고 여기는 것이지요. 그래서 해결책을 찾으려고 애씁니다. 그런데 정작 상대는 내가 해결책을 이야기해줘도 시큰둥하거나 심지어 화를 내기도 합니다. 왜 그럴까요? 그것은 공감하는 것이 아니라 간섭하는 것이기 때문입니다.

사람은 누구나 자신의 문제에 대한 해결책을 갖고 있습니다. 정말로 해결책이 필요하다면 "이럴 때 어떻게 해야 하냐"고 직접적으로 묻습니다. 그렇지 않고 현재 자신의 상황에 대해 불만이나 투정을 토로할 경우는 자신의 이야기를 듣고 그 감정에 동의해달라는 것입니다.

딸은 아마 이런 말을 기다렸을 것입니다.

"맞아. 어른이나 애나 눈치 보고 돈 쓸 때와 안 쓸 때를 구별 못하면 참 답답하더라."

엄마가 딸의 말에 동조만 해줬어도 모녀의 수다는 계속되었을 것입니다. 엄마가 자기편이라는 것에 힘과 위안을 얻었겠죠.

사람은 다 똑같습니다. 자신이 열심히 이야기하는데 상대가 귀를 기울이지 않으면 무시당했다고 생각하여 상처를 받습니다. 듣기만 하고 별 반응이 없어도 마찬가지입니다. 여러 번 이야기했지만, 듣는 사람이 갖춰야 할 가장 좋은 태도는 유심히 듣고 상대방의 감정을 받아주는 것입니다. 공감은 원래 그런 것입니다. 감정을 받아주는 것만으로도 큰 힘이 되니까요.

내 이야기를 들어줄 한 사람

2008년 미국 대통령 선거에서 많은 사람들의 예상을 깨고 버락 오바마가 당선되었습니다. 미국 최초의 흑인 대통령이라는 상징적인 의미도 있었지만, 친구 같은 친근한 대통령의 출현이었습니다.

과거의 대통령 선거 여론조사에서는 대부분 누가 가장 강력한 리더가 될 것 같은지, 누가 경제를 성장시킬 수 있을지 등을 물었습니다. 그런데 2008년에 색다른 질문이 추가되었습니다. 민주당 지지자들에게 '대통령 후보에게 가장 중요한 자질이 무엇이라고 생각하느냐'는 질문을 던진 것입니다. 선거에서 이길 확률이 가장 높은 사람이라는 선택을 제치고, 많은 사람들이 '공감'이라고 답변했습니다. 더욱 놀라운 것은 공감을 대통령의 자질로 끌어들인 여론에 별다른 반응을 보인 정치학자들이 없었다는 사실입니다 (『공감의 시대』, 제레미 리프킨, 민음사).

이제 사람들은 대통령의 자질로 국가를 힘 있게 이끄는 강력한 리더십이 아니라 공감을 첫 번째 덕목으로 꼽습니다. 오바마 대통령은 공감과 소통의 능력을 보여주며 재선에 성공했고, 퇴임 전까지 레임덕을 보이지 않으며 높은 지지율을 얻었습니다. 흥미로운 점은 퇴임 이후에도 높은 지지율이 이어지고 있다는 것입니다. 공감의 힘이 얼마나 강력할 수 있는지 보여주는 좋은 예이지요.

우리는 점점 더 속내를 감추고 살아갑니다. 약점을 보이면 도태될 것이라 생각하고 약한 모습을 보이지 않으려고 매사 주의하고 살아갑니다. 이럴 때 내 이야기를 진심으로 들어줄 사람이 있으면 정말 큰 위로가 됩니다.

지금 곁에 내 이야기를 들어줄 사람이 있나요? 혹은 나는 누군가의 이야기를 진심으로 들어주고 있나요?

조언 대신
질문을 던지세요

대호 씨가 직장을 정리하고 인터넷 관련 사업을 한 지 벌써 3년이 넘었습니다. 그런데 아직까지 별 소득이 없습니다. 전 직장상사였던 김 과장은 그를 만날 때마다 격려하곤 했지만, 이번에는 그래도 돈이 되는 일을 해야 하는 것은 아닌가 싶었다고 합니다.

"이것저것 시도해보는 것도 좋지만 이제 돈이 되는 것도 고려해봐야 할 것 같아요. 이런 상황이 지속되면 대호 씨 아내도 버티기 힘들 거예요."

"저도 알고 있습니다. 급한 김에 대리운전이라도 해볼까 싶었어요. 그런데 그게 답은 아니잖아요. 어떻게든 이 일을 돈이 되는 것으로 연결해보려고 하고 있습니다. 저도 정말 답답합니다."

김 과장은 '아차' 싶었다고 합니다. 대호 씨에게 격려와 위로, 용기와 에너지를 주어야 하는데 섣부른 조언을 하다 상처를 준 것 같았기 때문입니다.

몰라서 못 하는 게 아니니까요

사람들은 자신이 처한 상황에서 어떻게 해야 하는지 이미 알고 있는 경우가 많습니다. 몰라서 하지 못하는 것이 아니라, 남들이 모르는 개인의 사정이나 상황이 안 되어 행동으로 옮기지 못하는 것뿐입니다. 본인이 아니면 그 상황이나 생각을 다 알지 못합니다. 그런데 상대방이 생각해준답시고 대뜸 조언부터 하려고 나서면, 자신의 마음을 몰라주는 것 같아 속이 상합니다. 직접 도와주지 못할 것 같으면 상대방에게 "~해라" "~해봐"라는 식의 말은 피해야 합니다. 이런 경우에는 조언보다 질문형으로 말하는 것이 좋습니다.

"몇 년 동안 힘쓴 일이 돈이 되지 않으니 속상하겠어요. 올해는 이런 상황에서 벗어나야 할 텐데…. 생각하는 방향이나 고민하고 있는 게 있나요?"

속상한 마음을 알아주고, 앞으로 어떻게 할 것인지 묻는 것이 좋습니다. 상대가 이에 대해 답하면 분명 잘해나갈 것이고, 올해는 결실을 얻는 한 해가 될 것이라고 희망과 용기를 주면 됩니다.

거리를 두고 지켜봐 주고 격려해주고 공감해주세요. 잘할 것이라는, 해내고 말 것이라는 믿음이면 충분합니다.

참견은 참견일 뿐

대신 해줄 수 있는 게 아니면 기다려야 합니다. 참견하는 것은 사랑도 믿음도 아닙니다. 가까운 관계의 사람에게도 공감을 할 때는 적당한 거리를 유지해야 합니다.

부부나 가족에게 운전이나 운동을 가르쳐줄 때를 떠올려보세요. 왜 못 하냐는 식으로 나무라는 경우가 많습니다.

공감하는 것이 처음에는 힘들고 어색할 수 있습니다. 하지만 나로 인해 누군가가 위로를 받고 용기를 얻고 힘을 내는 모습을 보게 된다면, 그것처럼 보람 있는 일도 없을 것입니다. 공감을 통해 격려와 용기를 주는 것은 그 어떤 것보다 가치 있는 일이 될 것입니다.

당신의 결정을
응원합니다

"제가 바보짓을 한 것 같아서 요즘 너무 속상합니다." 대기업 유통회사를 그만둔 이상열 씨는 중소기업으로 이직한 지 3개월 정도 되었습니다. 전 직장에서 퇴사한 후 바로 일자리를 찾아서 다행이긴 하지만, 연봉이 예전 직장의 60% 정도에 불과했고 회사의 지명도도 훨씬 떨어졌습니다.

잘나가는 회사를 그만두고 조건이 별로인 중소기업을 다니다 보니, 자신이 잘못 판단한 것은 아닌지 생각이 많아지는 모양입니다. 이상열 씨가 왜 좋은 직장을 그만두었는지 궁금했습니다.

양심을 팔 수는 없었다

"영업팀에 근무했는데 매월, 매분기 영업실적을 마감할 때마다 실적을 다 못 채우면, 강제로 대리점에 물건을 떠넘겨야 했어요. 팀에서 막내인 제가 그 역할을 했는데 그 점이 너무 힘들었습니다."

"이런 말은 좀 그렇지만, 선배들도 다 해왔던 관례 같은 것이었을 텐데, 그냥 조금만 더 참아보자는 생각은 안 해보았는지요?"

"1년차에는 선임 대리나 과장님이 시키니 그냥 무조건 했습니다. 그냥 어쩌다 한 번 이런 일이 발생하나보다 생각했죠. 그런데 다음 해에도, 그 다음 해에도 계속되었어요. 대리점 사장님들도 힘든 걸 뻔히 아는데…. 이건 아니다 싶고, 내가 잔인해진다 싶고 너무 괴로웠어요."

"그만둘 때 부모님과 의논은 했나요?"

"아버지도 평생 양심을 팔고 괴로워하는 것보다 깨끗한 회사에서 마음 편히 일하는 게 낫겠다고 하셨어요. 그래서 그만둘 용기도 생겼던 건데, 요즘 들어 참 많이 힘이 드네요. 제가 잘못한 것 맞죠?"

"제가 솔직하게 대답해드릴게요. 정말 잘하셨습니다. 그리고 그렇게 조언해주신 부모님도 정말 훌륭하신 분들입니다."

"저도 그렇게 생각해왔는데, 자꾸 생각이 변해가니 힘드네요."

"월급이 줄어 경제적 여유도 없어지고, 친구들도 왜 바보 같은 짓을 했냐며 마음을 몰라주니 힘이 들었겠어요. 결정을 잘못한 건 아닐까 싶은 생각도 들고요."

겨울이 지나야 봄이 온다

"상열 씨에게 해주고 싶은 이야기가 있어요. 겨울이 되면 가로수의 나뭇잎은 전부 떨어집니다. 만약 사계절의 순환을 모르는 외계인이 보면, 잎이 몽땅 떨어졌으니 그 나무가 죽었다고 생각할 거예요. 하지만 그 나무는 겨울을 나기 위해 스스로 잎을 떨어뜨리고, 나이테를 늘리면서 힘을 비축하고 봄을 준비하는 거죠. 나뭇잎을 그대로 둔 채 겨울을 나면 동사할 테니까요.

저는 상열 씨의 지금이 나무가 겨울을 나는 시기가 아닐까 생각합니다. 그렇게 훌륭한 생각을 하고 있으니 겨울이 지나면 분명 봄의 새싹처럼 상열 씨는 푸르게 더 성장할 겁니다. 그러니 힘내세요."

지난 연말 그는 SNS에 인사발령 소식을 올렸습니다. 특진 발령을 받아 대리로 진급한다는 내용이었지요. 실력은 물론이고 남을 배려하는 마음을 가지고 열심히 일하고 있으니 주변에서 인정할 수밖에 없었을 것입니다.

지금 필요한 건 응원과 지지

사람들은 주변에서 자신이 그런 결정을 한 마음과 처지를 이해해주고 응원해주지 않으면, 자신의 선택을 의심하기도 합니다. 그런 의심이 누적되면 스스로를 자책하게 되고 자신과 세상을 원망할 수도 있습니다. 그런 사람에게 가장 큰 힘은 그 마음을 알아주는 것입니다. 그것이 바로 공감의 힘입니다.

2

왜 내 마음을
모를까

나를 잘 말하고 당신을 잘 읽는 법

듣고 싶은 말은
따로 있습니다

　　　　　　　　　　같은 아파트에 살고 있는 연우 아빠는 알고 지낸 지 벌써 10년이 넘었습니다. H은행에서 20년 넘게 근무 중인 그는 연봉도 높고 인사고과도 괜찮아서 남들이 부러워할 만한 객관적인 지표를 갖고 있습니다. 하지만 세상에 걱정 하나 없는 사람은 없다고, 연우 아빠는 유전적인 질병을 앓고 있습니다. 근육이 위축되면서 몸이 마비되는 병인데, 아버지가 그 병으로 돌아가셨고, 지금은 여동생도 심각한 상황이라고 합니다. 희귀병이라서 특별한 치료법도 없다는군요.

　요즘 연우 아빠에게도 조금씩 증상이 나타나고 있어 걱정이 많습니다. 자신도 자신이지만, 하나밖에 없는 아들에게 병을 물려줄 수도 있다는 생각 때문에 답답하답니다.

　"어제 아내와 크게 싸웠어요. 얼마나 서운하던지, 속상해서 소주 한잔 마시고 싶어서 연락드렸어요. 제 문제에 대해서 한결이 아빠만큼 많이 아는 분이 없잖아요."

연우 아빠는 걷다가 다리에 힘이 빠져 주저앉기도 하고, 자전거를 타다가 브레이크를 제대로 밟지 못해 큰 사고가 날 뻔도 했답니다. 이런 몸으로 직장생활을 계속하는 게 힘들지 모른다는 생각이 들자 차라리 기회가 있을 때 명예퇴직을 해볼까 고민 중이라고 합니다. 그런데 내게 소주를 마시자고 한 이유는 다른 데에 있었습니다.

누가 나 대신 해줄 사람 없을까?

"이 나이에 죽을 수 있다는 생각을 할 때마다 어렸을 적 아버지 모습도 오버랩됩니다. 왜 하필 내가? 내가 무슨 잘못을 했기에? 라는 마음이 들면서 억울하고 분하고 그래요. 그래서 어제 아내에게 내 상황이 이러니 명예퇴직을 신청하고 싶다고 말했어요. 우선은 쉬면서 여행도 하고 건강도 좀 챙기고 싶다고 했죠. 그런데 아내 말이 정말로 속상하고 서운하더라고요."

"연우 엄마가 뭐라고 하셨는데요?"

"'당신이 지금 51세이고, 연우가 고1이야. 자기가 그만두면 우리 생활은 어떻게 하라고? 무슨 대안은 있어? 힘들더라도 조금이라도 더 다녀야지. 그건 안 돼, 다시 생각해봐'라고 화를 확 내더니 방에 들어가더라고요."

"참 속상하셨겠네요. 저도 그 마음 잘 알아요. 저 역시 가끔 그렇거든요."

연우 아빠가 가장으로서 의무를 잊을 리 없고 책임을 회피할 리도 없습니다. 그렇지만 누구나 그 의무에서 벗어나고 싶을 때가 있습니다. '누가 나 대신 해줄 수 있는 사람 없을까'라는 말도 안 되는 상상을 하기도 합니다. 그저 누구든 자신의 이야기를 꺼내는 의도는 똑같습니다. 이야기를 들어주고 감정을 받아주고 용기를 달라는 것이지요.

이런 말을 기대했는데

"아시겠죠? 저 솔직히 아내가 이런 말을 해주면 좋겠다고 기대했어요. '그래, 20년 동안 정말 열심히 한눈팔지 않고 살아왔으니 이제 좀 쉬어. 몸도 안 좋은데 심리적으로 힘들기도 할 거야. 일단 쉬면서 생각해. 안 되면 내가 뭐라도 해볼게.' 이런 말을 듣고 싶었어요. 솔직히 '내가 뭐라도 해볼게'라는 뒷말은 안 해도 됩니다. 아내가 그렇게 말한다고 해서 아무 대책도 없이 '그래, 고마워' 하고 그만둘 수 없잖아요. 제가 그렇게 하지도 않을 거라는 거 한결이 아빠는 아시잖아요. 아내 말에 서운하고 속상한 것은 어쩔 수 없네요."

나도 그의 이야기에 공감했습니다. 1년에 한두 번, 나도 일을 그만두고 쉬고 싶습니다. 나를 거절하는 것이 아니라, 내가 제안한 거래를 거절하는 것임을 알지만 '거절' 때문에 마음이 쿵쿵거릴 때가 있습니다. 그런 날은 집에 돌아와서 맥주 한잔 하며 "확 일주일 쉬어버릴까"라고 말하는데, 아내는 거의 매번 연우 엄마와 같은 말을 합니다.

"들어갈 돈이 얼마나 많은데. 생활비, 아이들 병원비는 어떻게 하려고?"

정말 섭섭합니다. 아내 말을 거꾸로 생각하면 가정은 생각하지 않고 무책임하게 쉬고 싶어 하는 철없는 아빠가 되니까요. 내가 저렇게 말하는 이유는 이런 대답을 듣고 싶기 때문입니다.

"힘들구나. 일주일 정도 쉰다고 별일 있겠어? 열심히 했으니까 좀 쉬었다 해도 되지."

힘들 때 나를 움직이게 하는 동력은 지금까지 열심히 살아온 과정을 인정하고 칭찬해주는 것인데, 가까운 가족일수록 그런 말을 잊고 살아갑니다. 때로는 무거운 부담에서 벗어나고 싶어 한다는 것을 그저 알아주고, 맞장구만 쳐줘도 될 텐데 하는 생각을 합니다. 책이 출간되면 굳이 말로 하지 않고 아내 화장대에 올려두어야겠습니다.

서로가 서로를 알아주자

그런데 가만히 생각해보니 나도 비슷한 말로 아내를 서운하게 한 적이 있습니다. 주말이면 가끔 아내는 "어휴 지겨워. 그냥 밥 한 끼 안 먹으면 안 돼? 밖에서 사먹든지 빵으로 때우자"라고 합니다. 그때마다 내 대답은 이랬습니다. "나는 괜찮지만 애들은 챙겨줘야지." "뭐 하러 돈을 쓰냐? 대충 차려 먹으면 되지." 아내도 매 끼니를 챙기는 그 지겨움에서 벗어나고 싶을 때가 있을 텐데, 그 마음을 몰라주고 아내를 서운하게 만들었네요.

살아간다는 것은 여러분이나 나 똑같이 어려운 과정입니다. 억지로 기억하고 암기한다고 해서 해결되는 것도 아닙니다. 계속 시도하고 해봐야 조금씩 몸에 익어갈 것 입니다.

그리고 보면 좋은 관계를 만들어가는 과정은 내가 '인간이 되어 가는 과정'이기도 하네요.

그저 질문 한마디,
그거면 돼요

마음읽기가 가장 어렵고 안 되는 사이가 있습니다. 아이러니하게도 가장 가까운 '가족'입니다. 말하지 않아도 알아야 할 사이일 것 같지만 실제는 정반대입니다. 아마도 서로에 대한 기대가 크기 때문일 것입니다. '알아주겠지' 하는 마음이 서로에게 상처를 주고 더 힘들게 합니다.

명희 씨가 잊은 것

혼자서 초등학생 딸을 키우는 명희 씨에게 직장은 최후의 보루입니다. 그런데 요즘 명예퇴직 이야기로 회사가 뒤숭숭하다고 합니다. 회사 문제가 엄청난 스트레스이죠.

"그날은 하루 종일 회사에서 긴장했어요. 작은 실수를 했는데 자꾸 마음에 걸리는 거예요. 명예퇴직 이야기가 나온 이후부터 완전 긴장상태였거든요. 몸살 기운까지 있어 몸도 마음도 만신창이었어요. 쉬고만 싶었죠.

집에 오니 딸아이가 주방에 있는데 완전 난장판이더라고요. 너무 화가 나서 막 퍼부었어요. '도대체 왜 그러는 거야? 요즘 엄마가 얼마나 힘든 줄 알아? 너라도 엄마 좀 도와줘야지. 이렇게 엉망으로 해놓고 정말!'

너무 속상해서 방에 들어가 이불을 뒤집어쓰고 펑펑 울었어요. 회사일이 잘되어야 딸아이와 어떻게든 살아가는데, 내가 잘 해낼 수 있을까? 명예퇴직을 피해갈 수 있을까? 왜 나에게 이런 일이 생기는 걸까 별 생각이 다 들더군요. 불안과 걱정과 두려움이 많았어요. 그런데 그때 딸아이가 들어오더니 이렇게 말하는 거예요."

명희 씨는 물기 어린 목소리로 딸아이의 말을 전해주었습니다.

"엄마 미안해. 요즘 엄마가 많이 힘들어하는 것 같아서 계란말이랑 김치찌개를 해주고 싶었어. 그런데 내가 주방을 엉망으로 만들어버렸네. 정말 미안해. 빨리 치울게."

우리는 자주 중요한 것을 잊고 살아가고는 합니다. 우리가 신이 아니고 사람이기 때문입니다. 머리로는 "○○야, 뭐하고 있는 거야?"라고 물어보는 게 먼저인 걸 알지만, 힘들 때는 짜증스러운 마음이 앞서죠.

　그날 명희 씨는 딸아이를 안고 펑펑 울면서 사과하고 고마운 마음도 전했다고 합니다. 자신이 살아가는 이유, 회사생활을 버텨내는 이유, 자신의 행복을 만들어주는 가장 큰 이유가 딸이었는데, 정작 중요한 것을 잊고 있던 자신을 반성했고요.

먼저 물어보자

그날 이후 명희 씨는 질문하는 습관을 들이려고 연습하고 있답니다. '내가 모르는, 내 생각과는 다른 무슨 일이 있을 거야'라는 생각을 염두에 두고, 벌어진 일 자체에 대해 묻는 연습을 하는 것이지요. 전에는 학원에 갔다가 늦게 귀가한 아이에게 "왜 이렇게 늦었어? 빨리 안 오고!"라며 닦달했다면, 요즘은 "조금 늦었네? 무슨 일 있었어?"라고 물어본답니다. 집안 분위기가 훨씬 편안해지고 모녀 사이가 훈훈하고 달달해졌답니다.

　사회생활도 마찬가지입니다. 상대에게 그냥 물어만 봐도 갈등이 훨씬 줄어듭니다. 혼자 먼저 결론내고 단정하지 말고 그저 '질문'하세요. 그것만으로도 마음을 읽는 게 훨씬 쉬워집니다. 마음 읽기는 추측하거나 단정하는 것이 아니라, 모르는 것에 대한 적절한 질문으로 가능합니다.

꼭 해야 할 말은
힘껏 전하세요

성제 씨와 부모님의 진심

성제 씨는 법조인의 꿈을 접고 법무법인 사무직으로 근무했습니다. 사법고시를 포기한 가장 큰 이유는 '부모님'이었다고 합니다. 친구들은 취업을 해서 부모님께 용돈을 드리는데 자신은 계속 용돈을 받고 있으니, 자식으로서 도리가 아니라고 생각했던 겁니다. 그게 효도라고 결론을 내린 것이지요.

  4년 전, 비록 늦은 감은 있지만 아내도 동의해주어서 부모님께 로스쿨에 도전해보겠다고 말씀드렸습니다. 그런데 아버지는 눈물만 흘리셨고, 어머니는 이렇게 말씀하셨습니다.

  "고맙다. 10년 전, 네가 사법고시를 그만두고 취직하겠다고 했던 그 다음 날부터 아버지는 네가 다시 변호사 시험을 볼 수 있도록 해달라고 매일 기도했단다. 우리가 못나서 뒷바라지를 못 한 거라고 생각했으니까. 당시에도 너만 계속 하겠다고 하면 어떻게 든 공부를 시키려고 했는데, 네가 워낙 완고하니 더 밀어붙이지 못했거든. 이제라도 다시 도전한다니 정말 고맙다, 고마워."

성제 씨는 그때서야 부모님의 생각을 알았다고 합니다. 부모님께 부담드리는 게 싫어서 꿈을 포기했는데, 큰 착각이었던 거죠. 부모님은 아들을 더 공부시키지 못한 것에 대한 미안함을 10년이나 가지고 살아오셨으니까요.

성제 씨는 자신이 더 열심히 해야 하는 이유를 찾았습니다. 그가 전학기 장학금을 받고 로스쿨을 수료함과 동시에 변호사 시험에 합격할 수 있도록 강한 동기부여가 되었죠. 만약 부모님과 성제 씨가 조금만 더 빨리 서로의 속마음을 전했더라면 아마 수년 전에 변호사가 되었을 수도 있었을 겁니다. 늦게라도 부모님과 성제 씨가 서로의 마음을 이야기한 것은 참 다행입니다.

대홍 씨와 기연 씨 부부의 진심

강원도 홍천에서 중대장으로 근무하고 있는 대홍 씨와 기연 씨 부부를 상담했을 때에도 이와 비슷한 상황을 경험했습니다.

당시 부부의 쟁점은 자동차 구매 여부였습니다. 아내 기연 씨는 차가 필요하다고 하고, 남편 대홍 씨는 시골길을 운전하다가 혹시라도 사고가 나면 어쩌나 걱정했습니다.

"부대가 바로 옆이니 무슨 일 있으면 제가 언제든 달려올 수 있어요. 아이도 커가는데 가능하면 아껴야죠. 군인 월급 뻔하잖아요."
"당신은 훈련을 자주 나가잖아. 훈련 나간 지난주에 무슨 일이 있었는지 알아? 아기가 한밤중에 열이 났어. 차는 없지, 도시처럼 119를 부를 수도 없고. 내가 얼마나 속상했는지 알아? 그리고 중고차로 사면 돈도 별로 안 들어."
"지난주 언제? 왜 연락 안 했어? 왜 혼자 끙끙댔어? 그러다가 무슨 일 있으면 어떡할 뻔했냐? 다음부터 그런 일 있으면 무조건 전화해. 휴대전화는 뒀다 뭐하냐?"
이러다 부부싸움이 날 것 같았습니다. 그래서 먼저 기연 씨에게 물었습니다.

"기연 씨가 연락을 안 한 건 훈련 중에 걱정할까 봐 그랬던 거죠?"
"네, 저도 얼마나 답답했겠어요? 정말 열두 번도 더 전화하고 싶었지만 참았어요. 훈련 중에는 올 수도 없고, 집 걱정에 사고라도 나면 더 큰일이잖아요. 그것도 몰라주고…. 차라도 있었으면 춘천에 있는 병원에 쉽게 갈 수 있었잖아요."
"저도 그렇게 생각했어요. 기연 씨가 얼마나 답답했겠어요? 차라리 외국에 있거나 연락이 안 되면 덜 속상했을 텐데, 불과 얼마 떨어져 있지 않은 곳에 있는 줄 알면서도 연락하지 못하는 마음이요. 대홍 씨는 이런 기연 씨 마음 모르셨죠? 그런데 대홍 씨가 자동차 사는 걸 반대하는 이유가 꼭 돈 때문인 것 같지는 않아요. 혹 다른 이유가 있나요?"

"원래 우리도 차가 있었어요. 그런데 제가 밤에 퇴근하다가 길이 좁아 사고가 났어요. 다행히 크게 다치지 않았지만 지금도 걱정이 많이 돼요. 아내가 운전을 많이 해본 것도 아니고, 시골길에서 급하게 운전하다가 사고라도 날까 봐 더 걱정이거든요. 차라리 돈이 들더라도 택시를 부르는 것이 나을 것 같기도 하고요."

지금까지 아내는 남편이 '돈 몇 푼 더 모으려는 이유'로 차를 못 사게 하는 줄 알았습니다. 반면 남편은 아내가 '편하고 싶은 마음'에 차를 필요로 한다고 추측하고 있었던 것입니다.

부부는 더 이상 싸울 이유가 없었습니다. 차를 사고 싶어 하는 아내나 안 샀으면 하는 남편이나 서로를 위해서 그런 생각을 했다는 것을 알게 되었기 때문입니다.

모르면 오해 알면 감동

마음을 모르면 오해가 생기지만, 알고 나면 감동하기도 합니다. 자신의 사고방식이나 관점으로 상황에 대한 결론을 내리고 무조건 결정을 따르라고 하면 그 끝에는 충돌밖에 없습니다. 서로에게 이유를 묻고 상대방의 시각에서 풀어나가면 또 쉽게 끝나는 것이 사람의 일입니다.

  대홍 씨와 기연 씨 부부는 당시 경험을 교훈으로 마음에 깊이 새겨두었답니다. 그래서인지 몇 년이 지난 지금까지 큰 다툼은 없다고 해요. 섣불리 추측하거나 넘겨짚는 대신 상대방의 의중을 물어보고, 자신의 마음은 힘껏 전하세요.

원하는 것은
아주 작은 '인정' 하나

서울에서 상당히 큰 모텔을 운영 중인 분을 만났습니다. 모텔 시가, 월수입, 지금 어떤 자산에 투자하고 있는지 등 자신의 경제력에 대해 길게 말씀하시더군요. 자신을 인정받고 싶어 하는 듯했습니다. 그러면서 금융상품에는 관심이 없다며 나에 대한 경계도 늦추지 않았습니다.

"모텔을 운영하다 보면 속상한 일도 많고 곤란한 점도 있었을 것 같습니다."

"많죠. 하지만 남이 뭐라고 하든 관심 없습니다. 제가 돈을 많이 버니까 시기하는 거죠. 한국처럼 자본주의 사회에서 사기만 치지 않는다면 돈을 많이 벌어 부자가 되는 게 답 아닌가요?"

"네, 맞습니다. 정상적인 경제활동으로 모은 돈이니까요. 다만 제가 궁금한 것은 가족에 대한 이야기입니다. 사장님."

"제가 생활비도 많이 주고, 저축도 많이 하고, 가끔 해외여행도 보내주니 가족들도 나쁠 게 없죠."

"가장으로서 나의 수고로움을 가족들이 몰라주고 인정해주지 않아서 속상하고 외로울 때가 있잖아요. 가장이신 분들을 만나면 그런 마음을 토로하실 때가 많습니다. 사장님도 그런 순간이 있지 않으셨는지요?"

가족에게도 친구에게도 말 못 한 속사정

지난 10년 동안 1만 명이 넘는 사람들을 만났습니다. 30대~50대 가장들과도 많이 만났죠. 가슴 아프고 속상하지만 창피해서 가족에게도, 친구에게도 말하지 못한 사정과 마음을 내게 털어놓을 때가 제법 있습니다.

이분도 남모를 아픔이 있는 것 같았습니다. 그래서 더 자신의 경제력을 자랑하는 듯했습니다. 고향 선배 이야기를 들려드렸습니다. 정말 조심스럽게요.

"돈을 꽤 많이 벌던 고향 선배 한 분이 이민을 간다고 해서 의아했던 적이 있어요. 막상 선배를 만나 자초지종을 들어보니 무척 공감되더라고요. 저도 많이 속상했고요. 선배는 유흥주점을 운영했거든요. 그런데 득남을 하자 아내가 나중에 아이에게 아빠가 무슨 일을 하는지 알려주지 않을 거라고 하더래요. 가족을 위해 일하는 건데, 가장 잘 알아줘야 할 아내가 그런 말을 하니 충격이 이만저만이 아니었다고 하더라고요. 너무 속상하고 가족에게까지 인정받지 못한다는 생각에 잠도 오지 않고 존재 이유까지 흔들리더래요. 결국 선배는 사업을 정리하고 가족과 함께 이민을 갔습니다. 제가 다양한 분야에서 일하는 다양한 분들과 만나며 그분들 이야기를 듣고 아픔에 공감하다 보니, 혹시 사장님께서도 그런 마음고생은 없으셨는지 살피게 되네요."

순간 그의 표정이 굳어졌습니다. 담뱃갑만 만지작거리며 5분이 넘게 아무 말도 하지 않았습니다. 혹시 화를 내면 어떡하나 걱정하면서 기다리는데 이렇게 말했습니다.

"저…, 부탁이 하나 있습니다. 아내와 같이 상담을 좀 부탁드려도 될까요? 최근에 비슷한 문제로 크게 다투었는데 너무 속상했습니다. 말주변이 없어서 어떻게 제 마음을 표현해야 될지 몰라 그렇습니다. 부탁합니다."

그의 이야기는 이랬습니다. 얼마 전, 아이 학교에서 아버지 면담이 있어 참석하려고 했더니, 아내가 선생님이나 다른 학부모들이 그 지역 유흥가의 모텔 사장이 애 아버지인 걸 알면 도움이 안 된다며 말렸답니다. 너무 화가 나서 부부싸움을 했고, 자신의 마음을 몰라주는 아내가 너무 야속했답니다. 하지만 말주변이 없어 자기 마음을 제대로 표현하지 못하고 화만 낸 것 아닌가 싶은 생각도 들었대요. 그 일이 있은 후 벌써 일주일 넘게 부부간 대화가 끊겼답니다. 일도 재미가 없어졌고, 일을 하면 뭐하나 싶었다고 합니다. 고민이 많아지고 모텔을 팔고 다른 사업을 해야 하나 심각하게 고려 중이라고 했습니다.

그의 이이야기를 들으니 나도 정말 속상하고 마음이 아팠습니다.

원하는 게 있다면 오직 '인정'

사모님을 만나 이렇게 말씀드렸습니다.

"사모님, 혹시 사장님이 어떤 고민을 하는지 생각해보셨는지요? 남편으로서, 아버지로서 가장 원하는 것은 바로 '인정'입니다. 쉽게 말하면 칭찬일 수도 있겠네요. 내색하진 않았지만 사장님은 밤낮이 뒤바뀐 생활이 힘들었을 겁니다. 그래도 가장, 남편, 아버지로서의 역할을 잘해내고 싶어서 견디신 거지요. 힘들지만 가족이 행복하고 또 잘되면 좋겠다는 생각 하나로 견뎌오던 분에게 며칠 전 사모님이 하신 말씀은 벼락과 같은 충격이었을 거예요."

그날 부부는 나를 중재자로 삼아 참 많은 이야기를 나누었습니다. 대부분의 부부싸움은 서로의 말을 경청하지 않고 중간에 말을 끊거나, 상대방의 처지와 상황을 공감하지 않으면서 자신의 이야기를 받아들이라고 주장할 때 커지곤 합니다. 모처럼 서로의 마음을 교환하는 자리를 가졌으니 그 자체만으로도 상당히 가치 있는 시간이었습니다.

내가 열심히 살아가는 이유

가족에게 이해받지 못하고 인정받지 못하는 것은 생각보다 많이 힘듭니다. 내 마음을 알아주지 않을 때, 나의 상황이나 고민 및 처지에 대해서 공감받지 못할 때, 자존심에 상처를 입게 되고 그것이 곧 갈등이 되어 싸움이 됩니다.

그래서 가족은 일부러라도 대화를 늘려야 합니다. 내 마음은 이렇다고 적극적으로 알리고 상대의 마음도 한번 들어보세요. TV 리모컨, 스마트폰에서 잠시 손을 떼고 가족과 눈을 마주보며 대화하는 시간을 가져보세요. 삶의 에너지이자 희망이 되어줄 것입니다.

정말 중요한 걸
잊지 마세요

은정 씨(가명)의 수입은 매월 300만원입니다. 급여 200만원에 이혼한 전 남편에게서 받는 양육비 100만원을 더한 금액입니다. 그녀는 자기가 제대로 저축하고 있는지 궁금해했고, 모든 보험을 해지하고 싶어 했습니다. 그중 연금은 무려 5년 정도 납입해온 것으로 굳이 해약할 필요가 없다는 생각이 들었습니다.

"연금보험은 저축입니다. 납입기간이 이제 5년도 채 안 남았는데 해약하면 안 됩니다. 너무 손해예요."

겨우 납득하나 싶었는데 두 번째 난관이 기다리고 있었습니다. 매달 230만원을 저축하고 있는데 앞으로 월 20만원씩 더 저축하겠다고 합니다. 아이와 함께 친정에서 생활하고 있어 생활비가 적게 든다는 걸 감안해도 이미 저축 비중이 너무 높았습니다.

미래가 불안하면 사람들은 소비를 줄이고 저축을 늘리게 됩니다. 35세 싱글맘으로 앞으로 아이를 데리고 혼자 살아나가야 하는 상황이니 불안하지 않을 수가 없죠.

"저축을 이렇게 많이 하시는 걸 보니 불안한 마음이 크신 것 같아요."

"네, 처음에는 정말 힘들었어요. 특히 친정 부모님과 함께 사는데 하루에도 몇 번씩 부모님 말씀이 달라졌거든요. 왜 이혼했냐, 다시 합칠 생각은 없냐 등 자꾸 인내심을 시험하세요. 일단 최대한 많이 모아야 한다는 생각에 저축을 많이 하려고 해요."

"부모님은 남들과 비슷하게 평범한 생활을 하길 바라시니까 그러시겠죠. 오죽 답답했으면 이혼했을까 하는 생각이 들다가도 또 남들도 다 비슷하게 산다며 상처를 주시는 거죠."

"마치 본 것처럼 말씀하시네요. 어떻게 아셨어요?"

왜 당신은 세 번의 용기를 냈나요

"이혼하기까지 정확하게 세 번 용기를 내셨을 거예요. 첫 번째 용기는 자신의 선택에 대한 부정입니다. 내가 남편을 선택해서 결혼했는데 그 결정을 부정하는 것이 이혼이죠. 자신의 선택을 부정하는 건 아무나 할 수 있는 게 아닙니다. 두 번째 용기는 부모님의 반대를 넘어선 거죠. 부모님들은 사람 사는 거 다 비슷하고 속된 말로 이놈이나 그놈이나 다 비슷하니 웬만하면 참고 살라고 하십니다. 살다 보면 나아진다고요. 자식이 불행해지는 것을 원치 않으니 당장 이혼만은 피했으면 하는 게 부모님 마음인데, 그걸 넘어선 건 큰 용기입니다. 또 타인은 내가 어떤 상황인지 자세히 알지도 못하면서 결과만으로 이러쿵저러쿵합니다. 타인의 시선에서 자유롭기 쉽지 않은데 이를 극복한 게 세 번째 용기입니다."

은정 씨는 내 말을 듣기만 하더군요. 우는 것이라 하는 게 더 정확하겠습니다. 아마 힘들었던 지난 1년이 파노라마처럼 지나갔겠죠.

"그렇게 용기를 낸 건 바로 딸 때문이었을 거예요. 딸에게 좀더 좋은 환경, 정신적으로 편안한 환경을 주고 싶었던 거죠. 그런데 앞으로 살아가면서 딸에게 짜증을 내거나 화내는 자신을 발견할 수 있어요. 혼자서 벌어야 하니 정신적, 육체적으로 힘들거든요. 거기에 딸이 여러 이유로 힘들게 하면 내가 왜 용기를 냈었는지 잊게 되는 것이 사람이니까요.

제가 이 말씀을 드리는 이유는 저축을 더 하지 않았으면 해서예요. 저축에 얽매여 많은 것을 참고 살다 보면 갑자기 짜증이 몰려올 수도 있거든요. 아이 입장에서는 필요한 것이나 원하는 것을 얻지 못해 속상할 수 있고요. 저축은 지금도 충분히 많이 하고 있어요. 설사 저축을 더 할 수 있더라도 그 돈은 딸과 시간을 보내는

데 사용해보세요. 부탁이에요."

정말 다행히도 은정 씨는 내 말에 동의해주었습니다.

네 살 딸이 준 위안

오늘 은정 씨에게 전화가 왔습니다.

"오늘 딸이 출근하지 말라는 거예요. 엄마가 출근을 안 하면 네가 좋아하는 초콜릿도 과자도 못 먹게 되는데?라고 했더니 그런 것보다 엄마가 더 좋다고 말하더라고요. 정말 울컥했어요."

"그래요? 정말 마음이 좋습니다. 그런데 딸에게 고맙다는 표현은 하셨죠?"

"아뇨, 너무 울컥해서 그냥 도망치듯 나왔어요."

"딸에게도 엄마의 인사가 큰 힘이 될 텐데요. 퇴근해서 꼭 고맙다고 표현하세요."

그날 저녁, 그녀에게서 문자 한 통을 받았습니다.

"오늘도 잘 배웠습니다. 저의 인사에 아이가 시크하게 웃어줍니다. 역시 아이도 어색한가봐요. 종종 이야기해봐야겠어요. 귀한 시간 내주셔서 감사합니다."

사람은 말 한마디에 힘을 받고 위안과 용기를 얻습니다. 표현하세요. 표현하는 것, 즉 자신의 감정을 잘 전하는 것이 바로 서로의 사랑을 이어주는 핵심 메신저입니다.

해결하지 않아도 괜찮다,
다 괜찮다

"결혼하신 지 20년 되셨다고요? 와, 존경스럽네요. 어떻게 20년이나 지내셨어요. 이러다 저는 2년도 못 채우게 생겼어요."

2016년 1월에 결혼한 민호 씨에게 무슨 일이 있었던 걸까요.

"지난주, 어머니 생일이라서 부산 집에 다녀왔습니다. 작년 생신 때는 아내가 해외출장 때문에 못 갔으니 결혼하고 처음 간 셈이죠. 그런데 뭔가 서운한 게 있었나 봐요. 서울에 도착하자마자 아내가 '어머님 너무하셔, 벌써 시집살이냐'면서 다시는 부산에 가지 않겠다고 난리를 피우네요. 진짜 얼마나 열이 받던지, 저도 처갓집에 안 간다고 했어요. 일주일째 대화가 단절되었어요."

아마 이제 막 결혼한, 아니 결혼한 지 꽤 되신 분들도 이런 경험 많을 것입니다. 30년을 같이 살아온 부모님과도 갈등을 겪는데,

문화가 서로 다른 집안에, 어렵기만 한 남편의 부모님과 생활하는 게 쉬울 리가 있나요.

별것도 아닌데 왜 그러냐고?

"민호 씨는 어떻게 반응했어요?"

"물어봤죠. 무엇 때문에 그러냐고. 별거 없어요. 아내가 설거지를 하다가 접시를 두 번 깨뜨렸는데, 어머니가 '너는 하지 말고 쉬어라' 하며 직접 설거지를 하셨나 봐요. 아내는 그게 섭섭했나 보더라고요. 안 해봤으니 못하지, 실수할 수 있는 거지, 고작 접시 좀 깼다고 민망하게 눈치를 준다고요. 편드는 게 아니라 우리 엄마 정말 그럴 분이 아니거든요. 다치면 안 되니까 아내 생각해서 쉬라고 하셨을 텐데, 괜히 오해하고 어머니를 나쁜 사람 만든다고 한 소리 했죠."

강조하지만 대부분 고부간의 갈등은 남편과 아내의 잘못된 대화에서 시작되는 경우가 많습니다. 남편이 '엄마와 한통속'이 되면 갈등은 더 심화됩니다.

"하하, 많이 답답했겠네요. 혹시 답답한 마음에 어머니에게 전화해서 왜 그러셨는지 직접 물어보자고 하지 않았어요?"

"와 어떻게 아셨어요? 그랬어요. 누가 맞는지 확인해야 하니까요. 그런데 그 말을 하자마자 아내가 그만하자고, 답답하다면서 방으로 들어가 버렸어요."

내 말에 반대하지 마

친구들 사이에서 인기 있는 사람들에게는 공통적인 특징이 한 가지 있습니다. 그것은 바로 '맞장구'를 잘 쳐준다는 것입니다. 맞장구는 상대방의 말을 경청하면서 반응하는 것입니다. 즉 "나는 네 이야기를 집중해서 듣고 있고, 네가 말하는 상황에서 너의 편에 서 있어"라고 말해주는 것과 같습니다.

사람들은 흔히 '내 말에 반대하는 사람'을 싫어합니다. 독재자부터 합리적인 리더까지 자기 말에 반대하는, 부정적인 이야기를 듣는 건 어렵습니다.

아내가 민호 씨에게 원한 건 해결이 아니라 내 편이 되어달라는 것이었습니다. 그것도 어머니 앞에서가 아니라 서울 집으로 돌아와 단둘이 있는 지금, 이곳에서 그렇게 해달라는 의미였습니다. 자기 감정을 이해해달라는 것이죠. 그런 사람에게 "네가 오해한 거야, 엄마는 그럴 사람 아니야"라고 하는 것은 싸우자는 것과 다름없습니다. 자기 말을 들어주지 않는 남편도 밉고, 시어머니는 더 싫어져 앞으로 시댁에 가지 않겠다고 말해버린 것이죠.

긍정하는 말, 부정하는 말

"이번에 일본으로 휴가 다녀왔는데 정말 좋더라"라고 말하는 사람에게 "나는 일본 별로던데, 볼 것도 없고"라는 대답과 "일본 좋아? 어떤 점이? 이야기 좀 해주라. 나도 가보고 싶다"라는 대답은 서로 느낌이 완전히 다릅니다. 앞의 대답은 '나를 부정하는 것'이고 뒤의 대답은 '나를 긍정하는 것'으로 받아들여질 수 있습니다.

"우리 팀장 정말 싫어. 말끝마다 짜증이고 확 그만둘까?"라고 말하는 여자친구에게 어떻게 대답해야 힘을 줄 수 있을까요?

A: 어느 회사나 상사는 다 똑같아. 그냥 참아.
B: 아무리 팀장이라도 그냥 화내지는 않을 것 같은데. 혹시 자기가 잘못한 게 있는 건 아닐까?
C: 팀장이 또 짜증내? 정말 힘들겠다. 같은 팀이니 안 보고 살 수도 없고.

마음속에 이미 해답이 있다

사람들은 대체로 자신의 문제에 대한 해결책을 이미 알고 있습니다. 타인에게 해법을 직접 물을 수도 있지만, 인간관계에서 발생하는 감정적인 문제에 대한 해법은 이미 생각해둔 경우가 대부분이지요. 가까운 사람에게 이야기하는 이유는 내 마음을 알아주길 바라고 있기 때문이죠. 그래서 나는 이렇게 이야기합니다.

"사람의 입에서 나오는 모든 이야기는 사실 딱 한 가지 의미를 담고 있습니다. '내 말 좀 들어줘, 내 편 좀 되어줘, 나 잘했지? 나 힘들겠지?'라는 뜻을 감추고 있는 것이죠."

이를 인정하는 데서 대화가 시작됩니다. 상대방의 감정을 받아주지 못한다면 그다음 대화는 아무런 의미도 없습니다. 내 말을 들어주려 하지 않는다고 생각하는데, 하고 싶었던 이야기를 끝까지 할 사람은 아무도 없으니까요.

민호 씨는 아내가 말한 상황을 해결해야 한다는 생각이 강했고, 아내는 그냥 "내 편이 되어줘, 내 말 좀 들어줘. 나 속상했겠지?"라고 말하고 있었던 것입니다. 대화는 상대방이 그렇게 생각할 수도 있겠다는 점을 인정하는 것에서 시작하는 것이지, "내 말을 들어봐, 너는 틀렸어. 이렇게 해야 해"라고 가르치거나 설득하는 것이 아닙니다.

"어머니가 그렇게 말씀하셔서 서운하고 속상했겠다. 참나, 엄마는 처음부터 잘했나? 누구나 실수할 수 있는 것을 가지고 그러냐."

이렇게 말했다면 다툼은 없었겠죠.

'무조건 미안해'는 안 미안한 것

자, 그럼 이 상황을 어떻게 수습해야 할까요. 제대로 사과하면 됩니다. 상대방이 서운하고 속상했던 점을 정확하게 말하며 사과하면 마음이 어느 정도 풀리니까요.

만약 민호 씨가 "무조건 미안해, 내가 잘못했다"라고 사과하면 아내는 이렇게 말할 겁니다.

"뭘 잘못했는데? 자기가 뭘 잘못했는지 알기나 해?"

자, 이런 말이 오가면 사과를 안 하느니만 못한 상황이 올 수도 있습니다.

"그때 속상했지? 내가 자기 마음도 몰라주고 미안해. 많이 서운했지?"

대화에 정답은 없지만 이런 내용이어야 하겠죠. 내 이야기를 들은 민호 씨는 그래도 뭔가 개운치 않은가 봅니다. 처음부터 끝까지 상황을 해결해야 마음이 풀릴 모양이에요.

"잘 알겠어요. 알려주신 대로 해볼게요. 그런데 아내가 앞으로 부산 집에 안 간다고 말한 것, 어머니에 대해 오해하고 있는 부분은 어떻게 하죠?"

"하하, 민호 씨가 제대로 사과를 하면 아마 아내도 자신의 실수를 언급하며 잘못했다고 이야기할 거예요. 그때 이렇게 이야기하세요. '자기가 속상한 것이 풀리지 않으면 앞으로 부산 가지 말자.

내가 어떻게든 핑계를 대볼게'라고요."

다음 날 아침 민호 씨에게 연락이 왔습니다.

"귀신이세요? 알려주신 대로 마음 풀릴 때까지 부산에 가지 말자고 했더니 아내가 뭐라고 말했는지 아세요? 정말 신기했어요. '자기 바보야? 나 악처 만들래? 부산에 왜 안 가? 가야지. 내일 안부전화도 드릴 거야.' 이러는 거 있죠."

어떻게 알았는지 궁금한가요? 비밀은 경험에 있습니다. 이미 똑같은 실수를 나도 경험해봤고, 해결책을 고민하고, 선배들에게 조언을 듣고 난 후 알아낸 방법일 뿐입니다. 여러분도 마찬가지로 경험하면 저절로 알게 됩니다.

당신이 힘든 이유는
따로 있습니다

　　　　　　　　　　　여수화학단지에 있는 대기업에 다니는 종성 씨에게 전화가 왔습니다. 며칠 후 서울에서 동기모임이 있는데 하루 먼저 올라와 나를 만나고 싶다고 합니다. 어쩐지 고민이 있는 것 같았습니다.

"회사 일이 많이 힘들어요. 그냥 지낼 수도 없고, 무엇을 하긴 해야 하는데 잘 모르겠어요."

군산이 고향인 종성 씨가 서울에서 대학을 졸업한 후 여수에서 근무한 지 벌써 3년입니다. 그는 나를 만나자마자 회사일이 너무 힘들다면서 무엇을 어떻게 해야 할지 모르겠다고 하소연했습니다. 종성 씨는 팀에서 막내지만 대리급 직원이 해야 할 업무를 하고 있었습니다. 실제 경험하지 않으면 배우기도 힘든 공장시설 보수에 관한 업무였습니다.

2장 왜 내 마음을 모를까

팀에 의견을 나누고 업무를 배울 수 있는 사람이 없어 많이 답답하다고 했습니다. 가장 힘든 건 한 번도 해본 적이 없는 일이 생겼을 때 자신이 무엇을 어떻게 해야 할지 모른다는 점이라고 하네요.

"혹시 책을 보거나 학원을 다니는 걸로 해결할 수 없나요?"
"그런 방법으로는 어렵습니다. 제일 좋은 건 다양한 경험을 하고 노하우가 쌓일 때까지 기다리는 거죠. 그래서 더 답답합니다."
"종성 씨, 부담감이 정말 크겠네요. 그럼 모르는 일이 발생하면 어떻게 해요?"
"지난주에 공장 가동이 멈춰버릴 뻔한 일이 있었어요. 공장이 멈추면 하루 최소 4억원의 손실이 생겨요. 그땐 다른 부서로 간 선배님이 부랴부랴 와서 처리해주었어요. 일주일 동안 정말 초긴장 상태였죠. 이번 일을 계기로 많이 배워서 다음번에 이런 일이 생기면 어떻게 해야 할지 알게 되었죠."

다행입니다. 어떤 일이든 제대로 공부하는 가장 좋은 방법은 '시행착오'라고 하지요. 일단 경험해보면 이론으로만 알고 있던 일이 선명해지는 법이죠. 회사 측에서도 종성 씨가 아직 팀 막내이고 경험이 적어 그렇게 한 단계, 한 단계 성장할 것임을 알고 있기 때문에 개인적인 부담은 그리 클 것 같지 않은데, 그는 왜 그렇게 힘들어하고 걱정하는 걸까요.

종성 씨가 힘든 진짜 이유

"주변에 이런 이야기 나눌 사람은 있나요?"

"가깝게 지내는 동료가 둘 생겼는데 다른 부서라 아주 가끔 술 한잔 하는 정도입니다. 혼자 크로스핏 하는 것이 유일한 취미예요. 처음에는 돈 쓸 일이 없어서 돈 모으는 재미라도 있었는데 지금은 그것도 시큰합니다."

회사라는 조직에 소속되어 있지만 하루 종일 이야기 한두 마디 나눌 사람이 없는 공장 환경. 처음에는 돈 모으는 재미로 버텨왔지만 가슴 한구석이 자꾸 비어갑니다. 종성 씨가 힘들어 한 이유는 외로움 때문이었나 봅니다.

하루하루 고민과 일주일의 피로, 자기 이야기를 들어주고 처지를 이해해주며 격려하고 공감해주는 사람, 같이 삶을 공유하고 관심을 주고받을 사람이 없으면 삶이 무미건조할 수 있죠.

멀리 있는 친구들에게 이런 이야기를 하면 오히려 핀잔을 준다고 하네요. "나는 네가 부럽다. 대기업 정규직이라니, 내가 너라면 여수가 아니라 울릉도라도 좋을 것 같다!"

보이는 것만 보면 충분히 그렇게 생각할 수 있습니다. 아마 이 글을 읽는 분들 중에 아직 취업을 못 했거나 직장이 있어도 조건이 썩 좋지 않은 분이 있다면 종성 씨 친구들과 비슷한 생각을 할 수도 있을 겁니다.

그래서 학교를 졸업하고 사회에 나간 이후에는 자주 만나는 사람들이 새로 생깁니다. 의사는 의사 친구가 많고, 교사는 교사 친구가 많고, 간호사는 간호사 친구가 많습니다. 나 같은 영업자는 영업하는 친구들과 마음을 나눕니다. 자신들의 처지와 상황에 대해 잘 알고 있어 쉽게 공감을 받고 위로받을 수 있기 때문입니다.

사람에게 힘이 되는 건 사람

"일단 여수, 순천 지역에서 모임을 찾아보는 것은 어때요? 취미가 같거나 사는 지역이 같으면 대화하기가 비교적 쉬울 수 있거든요. 동호회 활동을 하면서 여자친구를 만날 수도 있고요. 밴드나 네이버 카페 등을 검색해보면 쉽게 찾을 수 있을 거예요."

내 말에 종성 씨는 힘이 난다며 고맙다고 했습니다. 사람에게 가장 힘이 되는 것은 '사람'입니다. 돈을 많이 벌거나 자신의 분야에서 최고로 인정받으면 행복할 것 같지만, 자신을 이해해주고 격려해주는 사람이 없으면 항상 외롭습니다.

그래서 사람들은 자신의 처지를 이해하고 응원해줄 사람들, 용기를 주는 말 한마디를 해줄 누군가를 얻고 싶어 합니다. 결국 우리가 서로에게 그런 존재가 되어줄 때, 더 이상 외롭지 않게 힘을 주고받으며 어려움을 이겨낼 수 있을 것입니다.

왜 나를
알아주지 않을까

누구나 좋아하는 사람들의 비밀

섬세하게 관찰하는 눈,
제대로 표현하는 입

"김 과장, 아빠 된 것 축하해요. 부인은 산후조리원 갔겠네요. 거기서 자고 바로 출근한 겁니까? 잠도 못 잤겠네요. 아침도 못 먹었을 거고. 내가 오늘 점심 살게."

"부장님, 어머님 수술하셨다고 들었습니다. 어디가 편찮으신 거예요? 수술은 잘되셨나요?"

"문 과장, 머리 스타일 바뀌었네요? 잘 어울립니다."

진화학자 장대익 교수의 『울트라 소셜』(휴머니스트)에는 이런 글이 나옵니다. "영아기부터 시작된 사회적 욕구는 자라면서 사회적 지능과 사회적 학습으로 승화된다. 아기는 엄마와 눈을 맞추면서 공동의 주의집중 훈련에 돌입한다. 그다음에는 시선이 아니라 손가락으로 가리키기를 통해 사회성을 기른다. 서로의 관심을 일치시키는 법을 배우는 것이다. (…) 이런 사회적 지능은 우리가 하는 일, 정치, 경제, 종교는 물론이고 예술 활동의 기저에서도 작동하는 근본적 힘이다."

사람은 누구나 관심받고 싶어 합니다. 관심은 인정입니다. 여러분이 좋아하는 이성의 마음을 어떻게 얻었는지 돌이켜보세요. 끊임없는 '관심'이 있었을 겁니다. 별일 없는지, 식사는 했는지, 피곤하지는 않은지, 잘 잤는지 등 계속 상대에게 관심을 갖습니다. 관심은 에너지를 쓰는 것입니다. 에너지를 다른 사람에게 사용하니 상대방이 좋아하지 않을 수 없겠죠.

좋아하니까 알아본다는 김진우 과장

1년 만에 우연히 만나 맥주 한잔 하게 된 김진우 과장님. 나를 보자마자 뭐가 달라진 게 있다며 고민하더니 이런 말을 하네요.

"파마하셨죠?"

"어떻게 아셨어요? 한 달 전쯤 하긴 했어요. 거의 티가 안 나서 알아보는 분이 없었는데 처음으로 과장님이 알아보시네요."

"하하, 제가 선생님을 좋아하잖아요. 좋아하면 관심 갖게 되고, 관심이 있으면 변화가 잘 보이는 것 같아요."

그날 하루 종일 기분이 좋았습니다. 나를 좋아한다는데 기분이 좋을 수밖에요. 관심을 받고 있는 것도 좋은데 그 표현이 나를 활짝 웃게 만들었습니다.

만약 내가 어떻게 알았냐고 물었을 때, "제가 원래 머리 스타일에 관심이 많아요"라거나 "그냥 알게 되었어요"라고 했다면, 그렇게까지 기쁘지는 않았을 것입니다. 누군가의 마음을 얻고 싶다면, 그에게 지속적인 관심을 가지세요. 제대로 표현까지 할 수 있다면 금상첨화입니다.

관심 OK 간섭 불가

그런데 관심을 가질 때 주의할 것이 있습니다. 관심을 표하면서 참견도 함께 하는 건 최악입니다. 이렇게 해라, 저렇게 해라 섣부르게 상대방을 움직이려고 하는 것보다는 차라리 무관심이 낫습니다.

"김 대리, 내일부터 휴가라며? 제주도 간다고 했나? 중국 사람들이 엄청 많아서 시끄럽다던데 왜 거길 가나? 그 돈이면 홍콩이나 마카오 가도 될 텐데."

"김 과장, 요즘 부부관계 문제 있다며? 이혼 고려 중이란 이야기를 들었는데 사실이야? 내가 살아보니까 다른 사람도 똑같아. 웬만하면 참고 살아. 재혼해도 피곤해."

자신의 경험이나 생각을 기준으로 간섭하려는 사람들은 우리를 피곤하게 만듭니다. 관심은 상대방 관점에서 현상을 봐주고 인정해주며 응원하는 것이고, 간섭이나 참견은 벌어진 현상을 자신의 관점으로 해석하며 자기의 주관적인 생각을 강요하는 것입니다. 애정이 지나치면 집착이 되듯이, 자신의 사고방식으로 유도하려는 것은 불쾌감을 주니 반드시 자제해야 합니다.

귀를 열자 대박난다

수원 인계동에서 네일 숍을 운영 중인 박주영 씨는 요즘 놀라운 경험을 하고 있습니다. 예약제로 운영하지만, 손님이 많아 제대로 쉬는 날이 없을 정도로 바쁩니다. 광고도 따로 하지 않는데 말입니다.

물론 실력이 뛰어났겠지만, 그래도 장사가 잘되는 비결을 물으니 그녀의 영업 비밀은 바로 사람에 대한 애정이었습니다.

"제가 원래 사람들의 말을 잘 들어주던 사람이 아니에요. 그런데 네일아트에는 많게는 1~2시간이 걸리거든요. 다른 네일숍에 손님으로 갔을 때 대화 없이 가만히 앉아만 있기가 힘들더라고요. 그래서 저도 심심하지 않을 겸, 손님들에게 말을 걸고 들어주곤 했어요. 처음에는 장사를 잘하고 싶은 의무감에서 시작한 것이죠. 그런데 정말 소중한 경험을 한 이후에는 사람에게 더 집중하게 되었어요."

"어떤 경험이었는데요?"

"3년 전쯤에 미혼모 손님이 온 적이 있었어요. 어린 나이에 아이를 낳고 할 수 있는 일이 별로 없어서 아르바이트를 하고 있었지요. 그 상처로 완전히 사람들에게 마음을 닫았더라고요. 어렵게 저에게 자기 이야기를 털어놓기 시작했고, 저는 진심으로 그 동생의 처지에 속상해하고 공감하게 되었어요. 손가락질을 하는 사람도 있었지만, 전 아이를 키우기 위해 일하는 점에 감동했고, 점점 친해졌어요. 이후 저의 권유로 학원에 다니며 자격증도 따고, 지금은 성형외과 코디네이터가 되었어요. 그 일로 내가 단순히 네일아트를 하는 것을 넘어 누군가에게 희망과 용기도 줄 수 있는 사람이구나를 느끼게 되었죠. 지금은 의무감이 아니라 즐거운 마음으로 이야기를 듣고 일하고 있어요."

지금도 가끔 그 손님에게 응원의 메시지를 보내곤 한답니다. 이제는 친동생처럼 자신을 잘 따른다고 하네요.
"세상에 대한 분노와 사람에 대한 배신감으로 힘들어하던 제게 언니는 처음으로 제 처지를 인정하고 칭찬해준 사람이었어요."
그녀의 이야기를 들은 후 주영 씨는 더 적극적으로 사람에게 관심을 갖고 열심히 경청하고 있다고 합니다. 이렇게 사람의 마음을 얻은 그녀이니, 손님이 많아서 쉬고 싶어도 쉴 수가 없는 것이겠지요.

살짝 손해보고,
내가 좀더 수고하는 마음

"재경아, 소식 들었다. 정말 축하한다. 네가 그동안 얼마나 성실하게, 치열하게 일했는지 안다. 진급하는 게 당연하지. 다시 한번 축하한다."
"고맙다. 조만간 얼굴 한번 보자. 승진했으니 술 한잔 살게."
"아니야. 축하주는 내가 사줄게."
"야, 내가 진급했는데 왜 네가 술을 사냐?"
"네가 술을 한두 명에게 샀겠냐? 나 만나면 내가 사줄게."
"정말 고맙다. 친구야."

바둑에는 '아생연후살타(我生然後殺他)'라는 말이 있습니다. 내가 먼저 살기를 도모한 이후에 적을 공격해야 한다는 것이죠. 인간도 마찬가지입니다. 인간이 아무리 사회적 존재라고 해도 생존과 번식에서는 이기적입니다. 내가 먼저 살고 번식할 수 있어야 비로소 다른 사람이 보이는 것이죠. 배고프거나 피곤하고 몸이 아프면 남을 배려하기 어렵고 쉽게 짜증이 나는 것도 이러한 동물적 본능 중 하나인데, 가끔 이런 본능을 이겨내고 타인을 위해 손해를 감수하는 사람들이 있습니다. 그런 사람을 만나면 우리는 마음을 빼앗기곤 합니다.

조준형 원장님의 5분

나의 고객 중에는 의사 선생님이 많습니다. 그중 삼성미래여성병원의 조준형 원장님은 누구에게든 편안함을 주기 위해 항상 노력하십니다. 환자를 대하는 마음도 남다르지요. 보통 병원에 가면 의사와 대화는커녕 눈 한번 제대로 맞출 시간이 없는데, 조 원장님은 적어도 5분 이상 환자의 말을 들으려 노력하십니다. 환자의 말을 충분히 들어야 제대로 된 처방이나 진단이 가능하다고 생각하시니까요. 당연히 병원 전체 의사들도 원장님의 생각과 태도를 이어받아 환자와 많은 대화를 하려고 합니다. 또한 원장님은 병원의 이익보다는 환자를 배려하는 병원 경영원칙을 갖고 계십니다.

"외래 환자분들을 너무 자주 오게 하지 말고, 불필요한 영양제를 처방하거나 검사를 권유하지 않았으면 합니다."

새로운 의사가 오면 가장 먼저 당부하는 말이라고 합니다. 요즘 산부인과는 출산율이 하락하면서 경영이 쉽지 않은데, 그런 이유로 일부 병원에서는 더 자주 오게 하려고 하거나 고가의 검사를 유도하기도 합니다. 하지만 이곳은 다릅니다. 오히려 환자나 가족이 다른 병원처럼 왜 검사를 하지 않느냐고 항의하는 경우도 있답니다.

조 원장님의 진료실 벽 한쪽 면은 퇴원한 환자들이 보내준 감사의 손편지로 빼곡합니다. 병원이 이익을 적게 보더라도 환자에게 필요한 것만 권유하겠다는 마음은 굳이 말하지 않아도 환자에게 잘 전달된 것입니다.

다른 사람의 자존감을
높여주는 능력

"저 변호사 되었습니다." 4년 만에 연락이 온 박성제 씨. 꿈을 포기하고 취업한 지 10년 만에 로스쿨에 도전했던 그 친구가 로스쿨을 졸업하고 변호사 시험에도 합격한 것입니다. 서른여덟의 늦은 나이에 공부를 다시 시작하는 것이 쉽지 않았을 텐데 어떤 계기로 이런 결정하게 되었는지 궁금했습니다.

당신은 충분히 할 수 있어요

"전에 근무했던 법무법인의 변호사님이 제가 일하는 것을 보고 계속 권유하셨어요. 합격할 때까지 기다릴 테니 변호사로 같이 일하고 싶다고요. 제가 주저할 때마다 충분히 할 수 있는 사람이라고, 기다릴 만한 괜찮은 변호사가 될 것이라 용기를 주셨어요. 그분과 이야기하고 나면, 항상 제가 꼭 변호사라는 꿈을 이룰 수 있는 충분한 자격이 있는 사람처럼 느껴졌습니다. 지금 그분의 법무법인에서 일하고 있어요. 정말 감사한 분입니다."

세상에는 참으로 훌륭한 사람이 많습니다. 훌륭한 사람은 자신만 성공하는 것이 아니라 타인의 성장에 힘을 실어주고 용기도 갖게 해줍니다. 누군가에게 용기를 주기 위해서는 그의 장점을 찾아낼 수 있는 관심이 필요합니다. 하지만 구체적인 내용이나 근거 없는 칭찬은 듣는 사람에게 진심이 전해지지 않습니다.

당신에 대한 확신이 있어요

"박 사장, 내가 한 달에 한 번 정기모임에 참여하고 있는데 같이 하자. 경제, 사회 등 다양한 주제를 공부하는 모임이야. 매달 강사를 초대해야 해서 회비가 조금 비싸긴 한데 좋은 분들과 함께 하는 것이니 투자할 만할 거야."

"초대 정말 고맙습니다. 그런데 저는 학벌도 짧고 하는 사업도 아직 궤도에 오르지 못해 그 모임에서 잘해나갈 수 있을지 걱정입니다. 제가 좀더 자리를 잡은 후에 가입하면 안 될까요?"

"우리가 누군가를 소개할 때는 그 사람이 칭찬받을 수 있다는 확신이 있을 때지. 내가 박 사장을 그 모임에 초대한 이유도 같은 거야. 박 사장은 그럴 만한 가치가 충분히 있는 사람이야."

박 사장님은 주유소를 운영하고 있는 사장님입니다. 그의 주유소는 모 정유회사의 400여 개 위탁 주유소 중 실적이 단연 1위이지요. 사실 그는 고향 근처의 주유소에서 월급 68만원을 받고 주유원으로 일을 시작했습니다. '언젠가는 주유소를 차려 사장이 되겠다'는 목표를 가지고 정말 성실히 꾸준하게 일해왔습니다. 손님들에게도 항상 친절했고요. 이런 그의 됨됨이를 알아본 정유회사 지역 본부장이 그를 주유소 사장으로 추천하여 꿈을 이루게 된 것이지요. 박 사장이 그 모임에 참가한 이후 그 모임의 회원들은 역시 모두 입을 모아 그를 칭찬합니다. 예의바르고 성실하며 타인을 배려하는 인품 때문입니다.

상대방의 입장에서 생각해보기

영업을 시작한 지 올해로 벌써 12년이 되었습니다. 어떻게 10년이 넘는 시간을 보내왔는지 생각해보면 주변 사람들의 도움이 가장 큰 힘이었습니다. 그중 시작한 지 한 달도 안 되어 만났던 기찬 형님의 말은 지금도 내가 명심하고 있을 정도로 큰 도움이 되었습니다.

영업을 할 줄 몰라 어렵다는 고민을 토로하자 기찬 형님은 내가 고객에게 어떻게 했는지 자신에게 그대로 보여달라고 하더군요. 그래서 입사 후 한 달 동안 열심히 배운 대로 우리 회사가 얼마나 괜찮은 회사인지, 판매하는 상품에는 어떤 장점이 있는지 설명을 시작했습니다. 한동안 말없이 이야기를 듣던 그는 내가 속상하지 않도록 간단한 조언을 해주었습니다.

"너 A사 알지? 혹시 거기 영업사원 만나본 적 있니?"

"네. 몇 번 만나본 적도 있고 영업 권유도 받아봤어요."

"그래? 그분들은 매번 만나면 회사 자랑이나 판매하는 상품의 우수성 등에 대해서 엄청 이야기하잖아. 그때 무슨 생각이 들었니? 그 이야기를 다 듣고 '와, 좋은 회사네' 하면서 상품을 사본 적 있어?"

"'물건 팔아먹으려 애쓴다'라고 생각했죠."

"미안한 이야기인데 방금 네 모습도 그들과 다를 게 없었어."

정말 부끄러웠습니다. 누군가가 나를 판매의 대상이라 대하는 것을 본능적으로 거부하고 불쾌하게 생각했으면서, 나도 마찬가지 형태로 영업을 하고 있었으니까요. 그는 나에게 상대방의 입장에서 생각해보는 자세를 갖게 해주었습니다. 그때의 느낌은 지금까지도 큰 도움이 되고 있습니다.

서점 직원을 울린 은지 씨의 한마디

성동구 소재 주민센터에 근무하는 은지 씨. 공무원으로 직장생활을 시작한 지 이제 8개월이 넘었습니다. 그녀를 처음 알게 된 것은 공무원 시험에 막 합격했을 때였습니다. 9개월 만에 만난 그녀는 볼살이 쏙 빠질 만큼 일이 고된 듯했습니다. 어떻게 지내는지,

직장생활은 어떤지 물어보았습니다.

"주민센터에서 일반 민원 업무를 해요. 그런데 일이 힘든 게 아니라 사람이 정말 힘들더라고요. 감정 노동자의 비애, 직접 겪어보니 정말 실감합니다. 다산 콜센터 직원들 중에 스트레스로 아픈 분들이 많다는데 왜 그런지 알겠다니까요."

"속된 말로 진상 부리는 사람들 많죠? 막무가내로 떼쓰는 사람도 있을 것 같고. 그럴 때 정말 속상할 것 같아요."

"지난달 일이에요. 중년 남성이 치매로 보이는 어머니를 모시고 와서 인감증명서를 떼어달라고 하더라고요. 인감증명서는 중요한 서류라 발급 원칙이 있어요. 어머니라도 본인 의사를 표현할 수 있어야 해요. 그런데 그 어머니는 자신의 의사를 전혀 말씀하지 못했어요. 그래서 규정을 이야기하고 발급해드리지 못한다고 했더니 한 시간 넘게 난동을 부리는 거예요. 창구 앞에 서서 문구를 하나씩 제 얼굴에 던지고, 심지어는 부모님이 가정교육을 제대로 못 해서 그런 거라고까지 하더라고요. 얼마나 속상했는지 몰라요. 꼭 그렇게 무례한 사람들이 내 세금이 어쩌고 하면서 막말을 한다니까요."

이런 사람을 만나면 정말 힘이 빠집니다. 아니 분노하게 되고 우울해집니다. 그녀는 그 일이 있은 후에 하루 휴가를 내고 쉬었는데, 스트레스로 소화가 안 되어 식사도 못 했다고 합니다. 어린 마음에 받은 상처가 깊었던 모양입니다. 같은 어른으로서 참 미안했습니다. 그런데 그녀의 다음 이야기가 저를 감동시켰습니다.

"그런데 제가 휴가를 낸 날 서점에 갔다가 깨달은 게 있어요. 그날 안내 데스크에 있는 분이 정말 불친절한 거예요. '이곳이 바로드림 책 받는 곳이 맞느냐'고 물었더니 짜증 섞인 말투로 '잠깐 기다리세요!'라고 하더군요. 짜증스러운 말투에 화가 나더라고요. 한마디 해줄까 하다가, 피곤할 수도 있겠다 싶어서 그냥 말없이 기다렸어요. 그런데 그분이 책을 주면서 미안했던지 '제가 짜증 섞인 말투로 응대했는데, 죄송합니다'라고 사과를 하더라고요. 그러면서 자신이 오늘 너무 힘든 일을 겪었다고 하는 거예요."

"나 같았으면 내가 당한 것도 있고, 힘들기도 해서 더 짜증났을 텐데 그것을 참아냈어요? 정말 잘했어요."

"처음엔 욱했죠. 그런데 제가 그렇게 당한 것을 생각하니 이분도 충분히 그랬을 수 있겠다 싶어 짠하더라고요. 자초지종을 들으니 저보다 더 열악한 환경에서 일하는 것 같아 너무 안타까웠고요. 그래서 에너지바를 건네며 '많이 속상하셨겠어요. 이거 드시고 힘내세요'라고 했더니 '고맙다' 말하며 펑펑 울더라고요."

물리적인 상처는 약을 바르면 낫습니다. 하지만 사람에게 받은 마음의 상처는 약도 없습니다. 그런 상처는 오직 사람에 의해서만 치유될 수 있습니다. 분노를 유발하는 '갑질'을 하고, '진상 짓'을 하는 사람이 없으면 좋겠지만, 그들과 다르게 따뜻한 미소와 칭찬, 격려로 인정해주는 사람의 기운으로 충분히 치료가 가능합니다. 이제 28세, 어린 그녀가 그렇게 어른스럽게 행동할 수 있었던 것은 '타인의 입장'을 생각한 역지사지(易地思之)가 있었기 때문입니다.

역지사지는 '감정이입'이라는 말과 일맥상통합니다. 상대방의 입장에서 생각해보고, 직접 다른 사람의 처지가 되어보는 것이지요. 그런데 생각처럼 쉽지 않습니다. 자신이 상대방과 비슷한 경험에 처했을 때 느꼈을 기분이나 감정을 기억하고 있을 때 가능하기 때문입니다.

다른 사람을 위해
멍석을 깔아주는 말 습관

"동생 기현이가 소방공무원 시험에 합격했어요. 바쁘시겠지만 축하 메시지 부탁드려도 될까요?"

3년 넘게 소방공무원 시험공부를 하고 있었던 동생의 기쁜 소식을 전하는 지현 씨는 내가 아는 한 가장 심하게 '자랑질을 시켜주는' 사람입니다. 동생뿐만 아니라 친구들 모임이나 회사 동료들 사이에서도 기쁜 일이 있으면 남들보다 더욱 기뻐하는 것에 그치지 않고, 다른 사람들에게 알리는 목소리가 큰 아가씨입니다. 그녀가 소개해준 지인들을 만나면 거의 모든 사람들이 그 점을 아주 높이 사곤 합니다. 단순히 오지랖이라고 하기에는 좋은 습관 같아서 그렇게 하는 이유를 물어본 적이 있었습니다.

"제가 1년 전에 취업이 되었을 때였어요. 2년 넘게 준비하다가 합격했는데 자랑할 방법이 없더라고요. 내 입으로 자랑을 하자니 잘난 체하는 것 같고, 혹은 아직 취업을 못 하고 있는 친구들에게 상처를 줄 수도 있을 것 같고. 그때 누군가 나 대신 자랑해주고 알려주면 좋겠다고 생각했어요. 그 이후로 주변 지인들에게 기쁜 일, 좋은 일이 생기면 제가 나서서 막 자랑하게 되었어요. 조금 멋쩍은 행동이긴 하지만 정작 본인들도 많이 좋아하더라고요."

"친구나 직장 동료들이 정말 좋아하겠네요. 자기 입으로 말하기 곤란한 이야기를 무심코 했다가 잘난 체하는 사람 소리를 들을 수 있으니까요. 그런데 그런 자랑을 전화까지 하면서 알려주는 건 귀찮지 않아요?"

"아, 동생 합격 소식은 기현이가 선생님을 좋아하니까 직접 알려드린 거예요. 대부분은 단체 카톡방을 많이 이용합니다. 예를 들면 '기현아, 시험 합격한 것 축하해. 너의 노력이 성과를 보게 된 것 같아 너무 기쁘다' 이렇게 올려놓아요. 그러면 이미 알고 있는 친구들은 같이 축하하고, 모르는 친구들은 기현이에게 무슨 일이 있는지 물어보게 되잖아요. 그렇게 되면 모두가 자연스럽게 상황을 알게 되고요."

누구나 자랑하고 싶은 일 한두 가지씩은 있습니다. 그런데 그런 일을 자신의 입으로 자랑하기는 쉽지 않습니다. 참지 못하고 자랑을 하게 되면, 앞에서는 축하를 해주면서도 뒷담화를 하는 사람들이 있기 때문이지요. 이럴 때 주변의 누군가가 자신의 일처럼 기뻐하고 자랑해준다면 그 주인공은 정말 고마워할 것입니다. 내가 하고 싶다면 타인도 하고 싶을 것이고, 내가 하기 싫다면 타인 역시 마찬가지로 하기 싫을 것입니다. 이것만 기억하면 역지사지가 그렇게 어렵지 않을 것입니다.

먼저 좋아하고
먼저 고마워하기

페이스북으로 인연을 맺은 오유근 님의 부탁으로 태안화력발전소에서 강의를 한 적이 있습니다. 서울에서 태안화력발전소까지는 약 140km, 그리 먼 거리는 아니라는 생각에 가벼운 마음으로 차를 몰았습니다. 서산 IC까지는 예상대로였는데 서산 IC에서 태안화력발전소까지는 비슷한 거리임에도 시간이 배가 걸렸습니다.

여러분의 수고에 고맙습니다

나는 강의를 이런 말로 시작했습니다.

"서울에서 출발할 때만 해도 소풍 가는 기분이었습니다. 그런데 서산 IC를 나와서 태안 읍내를 지난 후부터는 생각이 완전히 바뀌었습니다. 오지를 여행하는 기분이었습니다. 그 오지를 지나고 또 지나고 바다를 만나고 나서야 도착했습니다. 발전소가 이런 곳에 위치해 있다면 여러분은 아이 교육문제 때문이라도 가족과 떨어져 살 수밖에 없겠구나 하는 생각이 들더군요.

여기 직접 와보니 여러분이 불편을 감수하고 또 여러분의 가족이 희생함으로써 우리가 편리하고 편안하게 전기를 사용해왔다는 것을 알았습니다. 그래서 꼭 이 말씀을 먼저 전해드리고 강의를 시작하겠습니다. 정말 고맙습니다. 여러분의 수고를 기억하고 항상 감사한 마음으로 생활하겠습니다."

강의를 할 때마다 느끼는 거지만 듣는 사람들의 마음에 먼저 다가설 때 청중의 몰입도가 높습니다. 사람은 이성적이고 논리적인 것 같지만 대부분의 선택은 감정적으로 하게 됩니다. 여러분이 입고 있는 옷을 어떻게 샀는지 한번 되돌아보면 그 점은 더욱 분명해집니다. 이성적인 상태에서 옷을 고른다면 소재 및 가격, 품질을 비교해서 선택하겠지만 실제로는 예뻐서, 나에게 잘 어울릴 것 같아서 사는 경우가 대부분이죠.

어떤 대상을 만났을 때의 첫인상은 내 느낌과 이어져 있습니다. 그분들에 대한 좋은 점, 고마운 점을 먼저 꺼내면 그냥 말을 시작할 때보다 훨씬 매끄럽게 시작할 수 있습니다. 내가 좋아하고 고마워하는 만큼 상대방도 쉽게 마음을 열고 더 빨리 친해질 수 있기 때문이죠. 그게 바로 사람 관계입니다.

좋은 이웃을
만나는 비법

"지난달에 이사 갔잖아요. 대출 때문에 부담이 되지만, 이웃만 보면 정말 이사 잘 온 것 같아요. 옆집 아주머니가 너무 잘 챙겨주세요. 음식이든 과일이든 나누려 하시고 정말 친절하세요. 전세금이 조금 비싸다 생각했는데 하나도 아깝지가 않아요."

영선 씨가 좋은 이웃을 만나 행복한 새집 생활을 하고 있는 모습을 보니 흐뭇했습니다. 좋은 이웃을 만나 행복해 보였습니다. 이웃사촌이란 말은 가까이 살면 가족이나 친구보다 더 자주 보게 된다는 의미일 것입니다. 그렇기 때문에 이웃이 어떤 사람들이냐에 따라 생활 만족도도 좀 달라지는데, 괜찮은 분들을 만났다니 참 다행입니다. 저도 아파트에 살지만 주위에 누가 사는지 알고 지내는 것조차 어렵습니다. 그런데 좋은 관계를 유지하며 도움까지 받는다면 당연히 기쁠 것입니다.

영선 씨가 좋은 이웃을 만난 이유

"영선 씨가 좋은 이웃을 만난 이유에 대해 혹시 알고 있어요?"
"네? 이유가 있는 건가요? 그냥 운이 좋았다고 생각했거든요."
"당연히 이유가 있죠. 좋은 이웃을 만나게 된 이유는 영선 씨가 좋은 이웃이기 때문입니다."
"네? 그게 무슨 말씀이신지?"
"사람 사는 세상은 자연과 다를 바가 없습니다. 작용이 있으면 반작용이 있고, 가는 것이 있어야 오는 것이 있거든요. 분명 영선 씨가 먼저 그 아주머니에게 좋은 이웃이 되려고 노력했을 거예요. 그 점을 좋게 봐주셨으니 아주 살갑고 친절하게 챙겨주셨을 가능성이 높다고 생각해요. 가령 인사를 잘하거나 도움이 필요했을 때 도와주셨을 수도 있고요."
"아~ 미소님도 알고 계시듯 제가 인사는 항상 웃으면서 큰소리로 잘하잖아요. 이사 온 첫날에도 옆집, 위아래 집에 일일이 인사 드렸고요. 특히 그 아주머니하고는 엘리베이터와 슈퍼마켓에서 자주 마주쳤는데 그때마다 항상 인사를 했어요. 그래서 그럴 수도 있겠네요."

갈등의 소지는 미리 차단하기

아들만 셋인 가정에 방문한 적이 있습니다. 초등학교 입학 전의 에너지를 주체하지 못하는 남자아이를, 그것도 셋이나 키운다니 얼마나 힘들까요. 게다가 요즘은 층간소음도 큰 문제가 되잖아요.

"우리 부부도 그 걱정을 많이 했어요. 그래서 1층을 구하려고 애썼는데 나온 집이 없어서 할 수 없이 이곳으로 이사했거든요. 고민 끝에 우리가 먼저 인사를 드리고 양해를 구하기로 했어요. 이사 오자마자 인사를 드렸고, 때마다 과일이나 음료수를 들고 가서 아이들이 시끄러운데도 참아주시고 배려해주셔서 고맙다는 인사를 전하고 있어요."

"그게 효과가 있었나요?"

"이사를 갈 수도 없고, 가지 않는 한 계속 같이 살아가야 하잖아요. 우리는 다른 대안이 없었어요. 바닥에 소음 방지 매트를 깔고 아이들에게 슬리퍼를 신기는 등 조심을 하지만 그래도 한계가 있더라고요. 차라리 먼저 양해를 구하고 계속해서 죄송함을 표시하는 수밖에 없다고 생각했죠. 아래층 아주머니가 너무 좋으셔서 2년 가까이 살았지만 한 번도 올라오신 적이 없어요. 지난번에 엘리베이터에서 아래층 아주머니 부부를 만났는데 아저씨가 아이들이 많이 뛰는 것 같다고 하시더라고요. 그런데 아주머니가 아이들이 다 그런 거 아니냐며 편을 들어주시는 거예요. 얼마나 감사하던지, 더 잘해야겠다는 생각이 들더라고요."

최근 층간 소음 문제로 고성과 폭력이 오간다는 뉴스를 자주 접합니다. 이렇게 얼굴을 붉히면서 싸우게 되는 진짜 이유를 찾아보면 '인정욕구'에서 그 실마리를 찾을 수 있습니다. 사람은 누구나 인정을 받고 싶어 합니다. 자신의 존재나 위치, 권력이나 처지에 대한 인정 말입니다. 아래층에서 화가 나서 올라오기 전에 먼저 양해를 구하고, 항의가 들어오면 잘못을 인정하고 사과하면 쉽게 해결될 것입니다. 그런데 "그럴 수도 있지" "얼마나 떠든다고" "그 정도도 못 참냐"는 식으로 상대의 감정을 건드리면 문제가 커집니다. 처지를 인정받지 못하고 무시당했다고 느껴 분노하고 때로 큰 싸움으로까지 번지는 겁니다.

먼저 인사하는 기쁨

먼저 인사를 하면 인사를 받게 된다는 것을 사람들은 압니다. 그러면서도 '너부터 하면 내가 할게'라고 인사를 기다립니다. 물론 아주 높은 위치에 있거나 권력이 있는 사람이라면 먼저 하지 않아도 인사를 받게 됩니다. 그러나 어디까지나 형식적인 인사일 뿐입니다. 늦게 하나 나중에 하나 어차피 하는 인사라면, 내가 먼저 하는 게 훨씬 좋지 않을까요? 인사도 하고 사람도 좋다는 이야기를 듣는 것이 좋을까요, 억지로 인사를 받으면서 찜찜한 느낌을 받는 것이 좋을까요.

내가 먼저 움직이면 간단하게 해결할 수도 있는 것이 사람 관계입니다. 오늘부터 윗사람, 아랫사람 가리지 말고 먼저 즐겁고 반갑게, 큰 소리로 인사해보세요. 얼마 지나지 않아 여러분은 예의 바른 좋은 사람이 되어 있을 것입니다.

내가 먼저 좋은 사람이 되자

우리는 살아가면서 누군가와 끊임없이 관계를 만들며 살게 됩니다. 그 관계로 인해 행복해질 수도 있고 불행해질 수도 있습니다. 그렇기에 누구나 좋은 사람들과 같이 살아가길 원합니다. 관계를 만들어가기 위해서는 긴장과 용기가 필요하며, 좋은 사람을 만나기 위해서는 내가 먼저 좋은 사람이 되려고 노력해야 합니다.

내가 좋은 사람이 아닌데 좋은 사람을 만나길 원하는 것은 한여름에 눈을 기대하는 것과 다를 바 없습니다. 타인의 처지를 공감하고 배려하는 사람, 먼저 다가가고 인사하는 사람이 좋은 사람이며, 그런 사람과 관계를 갖는 삶은 분명 행복해질 것입니다.

감동 백배, 좋은 사람들의 특별한 표현법

네가 잘 되니 내가 더 고맙다

입사 선배이지만 친구인 정광열 씨는 효심이 극진했습니다. 결혼 전 어머니가 중풍으로 쓰러지셨는데, 그때부터 돌아가시기 직전까지 매주 한 번 직접 목욕을 시켜드릴 정도였으니까요. 문제는 병원비였습니다. 형제들은 형편이 안 되어 홀로 병원비를 부담하고 있었습니다. 병원비는 마이너스 통장으로 충당하고 있었고 4년 전 내가 이 사실을 알게 되었을 때 그 빚이 웬만한 직장인 연봉과 맞먹을 정도였습니다.

그래도 묵묵히 자신의 역할을 감당해오던 정광열 씨에게 기쁜 일이 생겼습니다. 웬만한 사람들이 1년 동안 할 만한 금액을 계약 단 한 건으로 해버린 거죠.

나는 그 계약으로 정광열 씨가 이제 빚을 갚을 수도 있겠구나 싶어 정말 기뻤습니다.

"소식 들었어. 정말 잘했고 정말 잘됐다. 나도 정말 기쁘다. 네가 잘 되니 내가 더 고맙다. 무엇보다 빚을 다 갚을 수 있을 것 같아서 기뻐. 이제 네 걱정 안 하게 해줬으니 그것도 고맙고."

"다른 사람들은 큰 계약 했으니 술 사라, 밥 사라 난리인데. 넌 역시 좋은 친구다. 그러게, 나도 그게 제일 기뻐. 빚이 늘어나니 아내에게도 미안하고, 혹시라도 엄마가 나쁜 생각을 하시는 건 아닌지 걱정 많이 했거든. 기뻐해줘서 고맙다. 친구야."

정광열 씨가 어떤 상황에서 어떤 마음으로 살아왔는지 몰랐다면 어쩌면 나도 다른 사람과 같은 이야기를 했을지도 모릅니다. 친구에게 그런 표현을 할 수 있었던 것은 내가 7억 상황을 알고 있었기 때문입니다. 광열 씨의 상황을 알게 된 것은 그가 내게 말을 해주었기 때문이고, 그가 내게 아픈 속사정을 말한 것은 내가 그에게 관심이 많았기 때문입니다.

좋은 표현은 상대방의 자존감을 높여줍니다. 상대방의 자존감을 높여줄 표현을 하려면 상대방에게 관심을 가져야 합니다. 내 말에 고마워하고 친구가 나를 칭찬해주었으니 나도 자존감이 높아졌습니다. 좋은 표현은 기교나 기술이기보다는 사람을 생각하는 진심에서 나오는 것입니다.

질책 대신 용기와 격려를

"박승용 지점장님이 선배님 친구 맞죠?"
"어, 맞아. 입사동기이자 친구지. 왜? 무슨 일 있어?"
"제가 박승용 지점장님이 있는 지점으로 옮긴 지 두 달 정도 되었잖아요. 이런 감동은 처음입니다. 요즘 슬럼프인데 저 때문이 아니라 지점장님께 감사해서 힘내서 일하고 있는 것 같은 느낌이에요."

이런 말을 한 현준 씨는 입사 5년차인 후배입니다. 업무 성적이 매년 상위 1% 안에 드는 유능한 사원이기도 하죠. 그런데 원래 소속된 지점이 폐쇄되면서 마음고생이 심했던지 실적이 좋지 않았습니다. 스스로 만족하지 못하니 조바심을 내게 되고 실적은 더 안 나오는 악순환에 빠진 모양입니다.

그런데 박승용 지점장은 야단이나 질책이 아닌 그의 마음을 알아주는 표현으로 꾸준히 격려를 해줬다고 합니다.

"현준아, 요즘 일도 안 되고 많이 답답하지? 새로운 지점으로 옮겨서 적응과정이 필요할거야. 그러니까 조바심 갖지 말고 느긋하게 생각하자."

영업사원은 매시간, 매일 실적 압박에 시달립니다. 안타까운 것은 관리자가 이 상황과 마음을 공감하지 못하고 "요즘 왜 이래?" "너 요즘 일 안 하니?" 이런 식으로 말하는 경우가 잦다는 겁니다. 이런 말에 후배들은 큰 상처를 받습니다.

우리는 어떤 일이 제대로 되지 않을 때 가장 속상한 것은 본인이고, 또 그런 조바심을 누군가가 알아주고 격려하는 것만으로도 힘이 된다는 것을 알고 있습니다. 하지만 누구나 아는 이것을 행동으로 옮기는 사람은 그리 많지 않습니다.

부하직원의 마음을 알아주고, 용기를 준 박승용 지점장 덕에 현준 씨는 앞으로 실적이 좋을 수밖에 없을 것입니다. 이미 큰 힘을 받았으니까요.

'식사하셨어요?'의 위력

언젠가 제주도에 갔을 때 일입니다. 저녁 7시 비행기였는데 공항 사정으로 40분 지연 출발된다고 하더군요. 항공사 데스크 직원에게 가장 빨리 출발하는 티켓을 앞자리로 구해달라고 요청했는데 정말로 친절하게 업무를 처리해주었습니다. "기분 좋은 서비스를 해주시네요"라고 인사했더니 데스크 직원은 이렇게 대답했습니다.

"창구에 오셨을 때 첫마디로 '식사하셨어요?'라고 인사하셨잖아요. 여기에서 일한 지 5년이 되었지만 그렇게 물어봐주신 분은 처음이었어요. 감사합니다."

사람 사는 세상은 어찌 보면 단순한 면도 있습니다. 모두가 인정받고 싶고 관심받고 싶어 합니다. 인정받고 관심받는 가장 좋은 방법은 내가 먼저 인정하고 관심을 주는 것입니다.

말의 중심을 누구로 잡느냐에 따라 사람의 기분을 좋게 하고 감동도 줍니다. 이런 말을 하면 어떤 분들은 이렇게 말씀하십니다.

"그거 너무 의도적인 것 아니야?"

맞습니다. 의도적입니다. 그런데 그렇게 해서 상대방의 기분이 좋아졌다면 성공한 것 아닌가요? 상대방의 기분을 좋게 해놓고 나의 이익을 얻어내려는 목적이 아니라면, 누군가에게 기쁨을 주는 것은 무조건 잘한 일이라고 생각합니다. 상대방의 관점으로 바라보고 배려심 있는 말투만으로도 참 좋은 사람이구나라고 느끼게 할 수 있는 것입니다.

당신이 생각나서요, 꼭 필요한 거였어요

여행을 하다가, 쇼핑을 하다가 누군가 생각이 날 때가 있습니다. 그 사람을 위해 가끔 작은 선물을 사기도 합니다. 선물을 전해줄 때 꼭 이런 말을 해보세요.

"정말 잘 어울릴 것 같아서" "좋아할 것 같아서" "생각이 나서 챙겨왔습니다"라고요. 받는 사람은 선물 자체보다 자신을 생각하는 그 마음에 더 고마워할 것입니다.

　선물을 살 때는 받을 사람이 기뻐할 모습을 상상합니다. 선물을 고른다는 것은 시간과 돈, 에너지를 투입하는 것입니다. 만약 받고도 그리 크게 기뻐하지 않거나 그저 그런 표정을 지으면 선물을 주는 사람은 실망하게 됩니다. 선물을 받을 때 주는 사람이 더 기뻐하도록 이렇게 표현해보세요. "정말 갖고 싶었던 거예요" "나에게 꼭 필요한 선물이네요" "나중에 꼭 사야지 했거든요"라고요.

　고맙다는 말보다 훨씬 큰 감동이 상대방에게 전달될 것입니다.

감동 백배, 좋은 사람들의
특별한 감사 인사법

영훈 씨는 공시생입니다. 그런데 다른 공시생들과는 다른 점이 있습니다. 그는 이미 9급 공무원입니다. 휴직이라는 마지막 승부수를 던지고 7급 공무원 시험 준비를 한 것이지요.

영훈 씨를 처음 만난 건 노량진에서 9급 공무원 시험을 준비할 때였습니다. 바쁠 듯해 짧은 시간 이야기를 한 후 헤어지려는데 영훈 씨는 이렇게 말했습니다.

"고맙습니다. 오늘 시간도 내주시고 밥, 커피에 아이스크림까지 정말 고맙습니다. 제가 세 배로 힘을 내 합격하고 꼭 연락드리겠습니다."

합격한 후에 연락이 왔습니다.

"그때 당 보충하라고 아이스크림을 사주셨잖아요. 덕분에 합격한 것 같아요. 진심어린 응원을 아이스크림에 담아주신 덕분입니다."

지난 7월 초에 근처를 지날 일이 있어서 삼계탕 한 그릇을 사주려고 만났을 땐 또 얼마나 섬세하게 고마움을 표현하던지요.

"오늘 고맙습니다. 삼계탕은 물론이고, 바쁘고 더운데 이렇게 시간 내주신 것에 더 감사드립니다. 저도 나중에 후배들에게 선생님 같은 사람이 되도록 노력하겠습니다."

이런 특별한 인사 덕분인지 영훈 씨를 만나고 나면 항상 기분이 좋습니다.

고맙습니다, 뒤에 한마디 더 붙이는 영훈 씨

누군가 호의를 베풀면 대부분의 사람들은 "고맙습니다" 또는 "잘 먹었습니다" 정도로 감사 인사를 합니다. 그런데 영훈 씨는 꼭 뒤에 한마디를 더 붙입니다. 그런데 그 말 한마디가 정말 고맙게 느껴집니다. 정말 고마워하는 마음이 전달되니 돈을 쓰고도 보람이 느껴졌습니다.

영훈 씨는 어떻게 이런 감사 인사를 하게 되었을까요?

"공무원 시험을 준비하기 전에 대기업 계약직 직원으로 1년 근무한 적이 있어요. 비록 계약직이었지만 취직 못 한 친구들에게는 부러움의 대상이었죠. 같이 준비했던 친구들에게 미안한 마음도 있고 해서 한 번은 고기를 사주러 간 적이 있었는데, 그때 정말 속상했어요. 너는 돈을 버니까 사야 하는 게 당연한 거지, 이런 느낌이었거든요. 그때 이후로 저는 돈을 쓴 사람에게 어떤 식으로 호의를 베풀어야 할지, 내 진심을 어떻게 전달할 수 있을지 많이 고민했어요."

상대방이 나를 만난 후 "난 참 괜찮은 사람이구나"라고 느끼게 했다면 그 자체로 훌륭한 일이고, 배울 만한 일이지요. 그것을 저보다 스무 살이나 어린 어린 영훈 씨가 하고 있었습니다.

계산은 많이 버는 사람이 하라고?

이와 반대되는 경험을 들은 적도 있습니다. 어느 날 그분 후배가 이런 말을 했다고 합니다. "같이 식사하시죠? 계산은 형님이 하시고요. 많이 버시잖아요."

그냥 사달라고 하면 될 것을, 사달라고 말하지 않았어도 사주었을 텐데 '많이 버니까'라는 말을 들으니 기분이 별로였다고 합니다. 한마디로 '당연하게' 사라는 뉘앙스이니 불쾌했겠죠. 그 후배에게 점심은 사주었지만 이후부터 거리를 두게 되었답니다.

굉장히 무례한 말과 태도임에도 생각보다 이런 일을 겪는 분들이 많습니다. 싫다고 한마디 하자니 속 좁은 쪼잔한 선배로 보일 것 같고, 군말 없이 사주자니 선뜻 지갑이 열리지 않는 것이지요.

하지만 후배도 결코 나쁜 의도를 가지고 한 말은 아닐 것입니다. 친하니까, 믿는 사람이니까 이 정도는 이해해주겠지라는 생각으로 가볍게 던진 농담일 수도 있어요. 지금 이 글을 읽고 계신 분들도 이와 비슷한 경험이 있는지 차근히 자신을 돌아보세요. 무심코 던진 돌에 개구리는 생각보다 꽤 큰 마음의 상처를 입게 됩니다.

효과 두 배, 좋은 사람들의
특별한 선물법

　　　　　　　　　　영업을 막 시작했을 때의 일입니다. 친한 후배가 맛밤 한 박스를 선물로 보내왔습니다. 먹기도 쉽고 맛도 있더군요. 나도 몇 분에게 맛밤을 선물로 보냈습니다. 주소를 알고 있으니 집으로 보내드리고 문자 메시지로 선물을 보낸다고 알렸죠.

　얼마 후 선물을 받은 분을 만났는데 "지인이 맛밤 장사하는 거예요?"라고 하면서 "잘 먹었다"는 짧은 말씀만 하시더군요. 심지어 잘 받았다는 답신 문자마저 없는 경우도 있었습니다. 좀 실망스러웠습니다. 맛있게 먹었다는 이야기와 함께 생각해주어서 고맙다는 말을 듣고 싶었거든요. 비싼 건 아니지만 나름 많이 생각하고 주문한 건데 내 마음이 너무 쉽게 묻히는 것 같았습니다.

　그런데 생각해보니 나도 그런 선물을 받았을 때 비슷한 말을 했더군요. 그걸 깨닫고 깜짝 놀라 내 자신을 되돌아보는 계기가 되었습니다.

누군가에게 선물을 하는 건 생각보다 어려운 일입니다. 내가 주고 싶은 것이 아니라 상대가 원하는 것을 선물해야 하기 때문입니다. 그리고 선물을 통해 정말로 표현해야 하는 건 항상 '관심'을 가지고 있다는 마음입니다. 그렇다면 받는 사람이 '보내는 이의 마음이 담긴 괜찮은 선물이구나'라고 느끼게 하려면 어떻게 해야 할까요? 선물을 고르는 몇 가지 요령을 알려드리겠습니다.

선물을 통해 표현하는 건 관심과 마음

첫째, 정말 좋은 선물을 골라야 합니다. 무조건 비싼 것을 고르라는 이야기가 아니라 얼마 안 되더라도 품질이 좋은 것이어야 한다는 뜻입니다. 좋은 물건이 아니라면 차라리 선물하지 않는 게 낫습니다. 선물을 주고도 욕을 먹을 수 있기 때문입니다. 어떤 사람들은 물건이 좋으면 된다고 생각해서 포장에는 큰 관심을 두지 않습니다. 핵심만 확실하면 괜찮다고 생각하는 것이죠. 하지만 가치는 어떻게 표현하느냐에 따라 달라집니다. 선물을 고르는 수고에 가치를 더하는 감성까지 담긴다면 받는 사람을 더 기쁘게 할 테니까요.

둘째, 왜 이 선물을 보내게 되었는지 스토리를 들려주세요. 특히 농산물이나 과일을 선물할 때는 더욱 그렇습니다.

언젠가 충북 제천에 들렀다가 옥수수를 먹었는데 너무나 맛이 좋아 선물한 적이 있습니다. 이런 이야기를 함께 들려드렸지요.

"지난주 충북 제천에 다녀왔습니다. 오는 길에 그 지역에서 옥수수를 사와서 삶아 먹었는데 너무 맛있는 거예요. 이렇게 맛있는 옥수수라면 선물을 해도 정말 좋겠다는 생각이 들었어요. 그래서 이렇게 보내드립니다."

반응이 정말 좋았는데 그들의 반응에는 공통점이 있었습니다.

"명로 씨에게 그 말을 들어서인지 옥수수 정말 맛있게 먹었어요. 내년에는 저도 그곳에서 택배로 시켜 먹기로 했어요."

만약 그냥 "옥수수 보내드렸어요. 맛있게 드세요"라고만 했다면 이런 반응을 얻을 수 있었을까요? 아마 그렇지 않았을 겁니다. 대부분은 '시장이나 마트에서 한 박스 보내주었나 보다'라고 가볍게 생각했을 것입니다.

셋째, 상대방이 말한 것을 기억했다가 선물을 해보세요. 선물은 받는 사람을 기쁘게 하기 위한 것입니다. 평소 관심을 가져야만 할 수 있는 선물이라면 기쁨이 배가 됩니다. 사소하게 지나치며 했던 이야기를 기억해두었다가 선물해보세요. 이런 선물은 그 내용을 써서 카드나 손편지와 함께 주면 더욱 좋습니다. 문자나 전화로 마음을 전하는 것보다 훨씬 큰 감동을 선물하게 될 것입니다.

수능 만점자의 교과서와 참고서

주현 씨는 피규어를 무척 좋아합니다. 남자친구도 그걸 잘 알고 피규어 선물을 해준 적도 있다고 해요. 그런데 그해 크리스마스에도 남자친구가 피규어를 선물하더랍니다. 그날만큼은 액세서리나 향수, 꽃다발 같은 로맨틱한 선물을 기대했는데 자기도 몰래 눈물이 나와 당황했대요. 많이 속상했다는군요.

　이처럼 평소 좋아하는 것이라고 해서 늘 환영받는 건 아닙니다. 상대방의 변화된 환경에 맞는 선물을 고르는 것이 좋습니다. 결혼 전후, 출산 전후에는 받고 싶은 선물이 다를 수 있습니다. 특히 여성은 세밀하게 신경을 써주는 사람을 좋아합니다. 출산한 가정을 방문할 때는 기저귀가 좋고, 곧 결혼할 여성이라면 부부가 커플로 사용할 수 있는 용품도 괜찮습니다. 투병 중인 사람을 방문할 때도 단순한 과일이나 꽃보다는 퇴원 후에 면역력을 개선시킬 수 있는 차나 건강보조 식품이 좋습니다. 부부 동반으로 만날 때는 남편보다는 아내의 선물을 준비하는 것이 좋고, 더 좋은 것은 자녀들을 위한 선물을 준비하는 것입니다. 부모는 항상 아이들 생각이 우선이니까요.

　자동차 세일즈를 하는 한 친구는 VVIP 고객의 자녀가 고등학교에 진학했을 때, 수능 만점자가 사용하던 교과서와 참고서를 어렵게 구해서 선물한 적이 있습니다. 이후 그 고객과 기존 거래가 더 단단해졌을 뿐 아니라 그분이 지인도 많이 소개시켜주었다고 하네요.

친구가 선물한 물건이 부적처럼 놀라운 효과를 가져다주었기 때문일까요? 아닙니다. 노심초사하는 자신의 마음을 누구보다 잘 알아주고, 또 선물하기 위해 여기저기 발 벗고 뛰어다녔을 친구의 모습에 감동했기 때문입니다. 비싸지 않아도, 화려하지 않아도 좋습니다. 진심을 담은 선물이라면 세상 그 어떤 물건보다 값지고 귀한 선물이 될 테니까요.

… 4

왜 일보다
사람이 더 힘들까

직장생활, 20퍼센트 쉬워지는 법

상사에게 야단맞은 후
대처법

관세사로 근무 중인 순상 씨에게 전화가 왔습니다. "상의드릴 게 있는데 오늘 저녁에 시간 좀 내주실 수 있나요?" 문자도 아니고 전화로 부탁한 것을 보니 아무래도 큰일이 있는 듯합니다. 지금 일하고 있는 회사가 너무 좋고 일도 재미있게 배우고 있다고 했는데, 그 사이 무슨 일이 생긴 걸까요? 순상 씨를 만나보았습니다.

"제가 지금 회사에서 일할 수 있도록 도와주신 선배가 있어요. 학교 동아리 선배인데, 저도 정말 좋아하고 그분처럼 되고 싶어 많이 배우고 있습니다. 그런데 일주일 전쯤 제가 업무에서 실수를 저지르는 바람에 그 선배를 무척 곤란하게 했어요. 그날 퇴근 후 엄청 혼났습니다. 대학 때부터 지금까지 8년 가까이 알고 지냈던 분인데, 그렇게 화내시는 모습은 처음 봤습니다. 다행히 어제 그 일이 잘 마무리되긴 했습니다. 제가 잘못한 거니까 혼나는 게 당연해요. 그런데 어떻게 사과를 드려야 할지. 일주일이 지났는데 죄송해서 말씀도 못 드리겠고, 도대체 어떻게 해야 할지 모르겠어요."

시간은 아무 것도 해결해주지 않는다

직장생활을 처음 시작했을 때 나에게도 이런 경험이 있었습니다. 그때는 어떻게 해야 할지 몰라 시간이 해결해주겠지 하고 지내기도 했지요.

"20여 년 전의 나를 돌아보니 심정이 어떨지 훤하네요. 그런데 순상 씨에게 물어보고 싶은 게 있어요. 여자친구나 엄마에게 화가 나서 큰소리치면서 어지 써본 경험이 있어요? 아니면 후배를 야단치고 나서 내가 너무 심하게 말한 것이 아닐까 걱정해본 적은요?"

"얼마 전 어머니에게 별일 아닌 것 가지고 크게 짜증 부린 적이 있어요."

"그런데 시간이 좀 지난 후 마음이 어땠어요? 너무 심하게 짜증 낸 것 아닌지, 어떻게 마음을 풀어드려야 하나 생각하셨죠?"

"네, 그때 생각하면 너무 죄송했어요. 사실 지나고 보니 그렇게까지 짜증내고 화낼 일도 아니었거든요. 어머니 보기도 민망하고, 누가 잘못했는지를 떠나 큰소리를 치고 짜증냈다는 점이 죄송하고 부끄러웠어요. 그냥 참을 걸 하고 후회도 많이 했죠."

"그때 어떻게 화해를 했어요? 먼저 사과를 했어요?"

"아뇨. 제가 먼저 못 했어요. 다음 날 어머니가 '으이그, 그렇게 큰소리로 짜증내고 엄마 얼굴 보려니까 민망하지?' 이렇게 말해주셔서 그냥 웃으면서 슬쩍 넘어갔어요."

"맞아요. 내가 해주고 싶은 말이 그거예요. 후배였을 때는 혼내는 윗사람을 보면 되게 죄송하고 어떻게 해야 할지를 몰랐어요. 그런데 과장이 되고 차장이 된 후에 부하직원을 야단쳐보고 나니까 순상 씨가 엄마한테 짜증냈을 때와 똑같은 느낌이 들더라고요. '괜히 야단쳤나? 한 번 참고 조용히 이야기해도 되었을 일을 괜히 호되게 지적하고…. 저 친구 상처 받은 것은 아닌가?' 하면서 되게 마음 졸이고 걱정하게 되더라고요."

"그때 어떻게 하셨어요?"

"미안하고 후회는 되는데 사과는 쉽지 않더라고요. 시간이 지나면 괜찮아지겠지, 나중에 회식자리에서 풀어야지 하면서 지냈는데, 그런 직원 중 한 명이 피로회복제와 쪽지를 놓고 간 적이 있었어요. 그때 그 직원에게 정말 고맙더라고요."

"그 쪽지에 뭐라고 쓰여 있었나요?"

"벌써 10년이 훌쩍 지나서 정확하지는 않지만 이런 내용이었던 것 같아요. '차장님, 저 때문에 화 많이 나셨죠? 제가 앞으로 잘하겠습니다. 이거 드시고 피로 푸세요!' 얼마나 고맙던지, 김 대리, 고마워~라고 크게 말했어요."

먼저 말 걸고 사과하세요

상대방의 마음에 공감하기 위해서는 경험과 감수성 두 가지가 필요합니다. 엄마가 되어봐야 엄마 마음을 아는 것처럼, 화도 내본 적이 있어야 상대방이 겪을 마음고생에 신경이 쓰입니다. 경험상 혼날 때보다 혼낼 때 자꾸 더 마음이 쓰였습니다. '그냥 참을 걸 그랬나' '괜히 나 때문에 상처만 받은 것은 아닐까?' 이런 생각에 시간이 지날수록 후회만 합니다. 이럴 때 후배가 먼저 "선배님 저 때문에 속상하셨죠?"라고 말을 걸어주니 정말 고마웠습니다. 아마 순상 씨 선배도 나와 비슷한 심정이었을 것입니다.

순상 씨에게 다시 연락이 왔습니다.

"어제 집에 가자마자 '저 때문에 더운데 몸도 마음도 상하셨죠? 죄송합니다. 앞으로는 더 섬세하게 신경 쓰는 후배가 되겠습니다'라고 메시지를 보냈어요. 그랬더니 선배가 저녁 때 소주 한잔 하자셔서 지금 같이 마시고 퇴근하는 중입니다. 말씀하신 대로 선배님이 더 속상해하시고 미안해하셨어요. 오늘 참 많이 배웠습니다. 앞으로 먼저 사과하는 제가 될게요."

좋은 사람은 상대방의 마음을 헤아릴 줄 알며, 그 마음을 알게 된 이후에는 머뭇거리지 않습니다. 내가 먼저 사과하게 되면, 잘못은 내가 했지만 고맙다는 이야기를 듣게 된다는 사실, 그것이 관계입니다. 사과는 자존심을 접는 것이 아니라 상대방과 나의 자존감을 높여주는 중요한 연결고리가 되어준다는 점을 잊지 마세요.

험담하는 직원에게
잘 대처하는 법

요즘 주현희 과장은 고민이 많습니다. 자신보다 경력이 한참 아래인 부하 여직원이 자꾸 자신의 험담을 하고 다니기 때문입니다. 처음에는 같은 부서 여직원들끼리만 그러는 듯하더니, 이제는 남자직원들까지 자신을 이상하게 생각하고 동조하는 눈치여서 스트레스가 심합니다.

그 여직원은 한때 주 과장 밑에서 일했습니다. 회사 일보다는 개인적인 일에 더 많은 시간을 할애하는 사람이었죠. 당시 주 과장은 그녀가 일을 하지 않는 것에 대해 몇 번 경고했고, 그래도 시정되지 않자 본부장과 상의해서 다른 팀으로 전출을 보냈습니다. 그 일이 화근이 된 것 같아 후회막심합니다.

옥상으로 몇 번 불러 타이르고 주의를 주었지만, 앞에서만 사과를 할 뿐 행동은 변하지 않았습니다. 한 달 전에는 그 직원이 인사도 하지 않고 지나가기에, 그러면 안 된다고 한마디 했더니 "원래 저는 사장님 빼고는 아무에게도 인사 안 해요"라고 대꾸했다고 해요. 그러고는 다른 직원들에게는 "딴 생각을 하느라 미처 못 보고 지나친 것인데, 너무 심하게 권위적으로 꾸짖었다"며 말하고 다니니 속된 말로 미치고 환장할 노릇인 거지요.

주 과장은 회사에서 뛰어난 업무능력과 성실성으로 인정받고 있습니다. 1년 전에는 회사가 전액 학비를 지원하는 MBA 과정까지 선발되어 부러움을 샀습니다. 조만간 차장 승진 대상 발표도 있는데 혹시라도 나쁜 영향을 받는 건 아닌지 노심초사하고 있습니다.

내 앞에선 안하무인, 남들 앞에선 예의바르게?

사회생활을 하다 보면 그런 사람, 가끔 만납니다. 다른 사람과 같이 있을 때는 예의바르게 행동하면서도, 둘이 있을 때는 안하무인의 행동을 보입니다. 다른 사람들은 그런 행동을 모르니 자신이 이에 대해 호소해도 "설마요? 그런 사람 아닌 것 같은데. 그 친구 괜찮은 사람이니 너무 미워하지 마세요"라는 질책성 당부를 듣기 십상입니다. 자신만 나쁜 사람이 되어버리죠. 다른 사람들이 자신의 말에 공감하지 않고 그 친구를 감싸니 어디에 하소연도 못하고 참으로 속상합니다.

"회사를 1년 휴직하고, 대학원 과정도 휴학할까 고민 중이에요. 둘째 낳고 미룬 휴직기간이 있어서 아직 신청할 수 있거든요. 이렇게 다니다가 우울증에 걸릴 것 같아요."

스트레스를 너무 심하게 받거나 고민해도 해결되지 않은 일이 생길 때, 많은 사람들이 그 문제를 우선 회피하려 합니다. 사람들을 일일이 찾아다니며 해명하기도 힘들고, 설혹 그런다고 하더라도 그들은 둘 사이의 세세한 일까지 알지 못하니 해명이 먹히는 것에도 자신이 없기 때문입니다.

"그럴 때 정말 답답하죠? 내 앞에서는 무례한 사람이 다른 사람 앞에서는 깍듯하게 예의를 차리니, 잘못하면 오히려 내가 나쁜 사람처럼 되어버리니까요. 더구나 과장님은 능력을 인정받고 있으니 은근히 시기심을 가진 사람도 있을 테고. 속상하고 어이없고 답답한 마음일 듯해요. 그런데 휴직했다가 1년 후 복직하면 그 여직원과 만나지 않을 수 있을까요?"

"사실 그게 문제에요. 남편과도 상의했는데 똑같은 이야기를 했거든요."

휴직을 하고 싶었지만 결정을 쉽게 하지 못했던 것은, 그것이 결코 해결책이 아니며, 스스로 잘못을 인정해버리는 것이 될 수 있기 때문입니다.

"대부분 이런 경우에는 화나서 그 직원에게 더 심하게 대할 것 같아요. 가령 아는 체를 안 하거나 인사를 안 받거나 하는 것 처럼요."

"네. 맞아요. 요즘은 아예 무시하고 있어요. 내가 더 인정받고 직급도 높기 때문에 손해 볼 게 없다 생각해서 아는 체도 하지 않고 아예 무관심으로 대응하고 있어요."

좀더 대범하게 행동할 것

직장에서 벌어지는 일들을 보면, 아예 부서장, 임원 및 사장이라면 마지못해 복종하지만, 일반적인 직장상사와 부하직원 간에 문제가 생기면 대부분 상사 앞에서는 안 그렇더라도 자기들끼리 모이면 약자를 위주로 생각하게 됩니다.

험담을 하고 다니는 사람들은 주관을 가지고 있는 것이 아니라 그냥 분위기에 휩쓸려 따라갑니다. 그리고 내심 그들이 다른 자리에서는 내 험담을 할지 모른다는 불안감을 가지고 있지요. 그런 사람들을 극복하는 방법은 더 대범하게 행동하는 것입니다. 사람들은 자신의 일이 아니면 다른 사람들의 세세한 일에는 관심이 없습니다. 그저 보이는 모습만을 가지고 상황을 판단합니다.

주 과장이 그 여직원을 못 본 척 무시하고 지나가는 것을 본 다른 후배들은 이 상황을 어떻게 볼까요. 아마 "잘나간다고, 밑의 직원한테 너무 심하게 대한다"라고 생각할 수 있습니다. 반면 윗

사람은 그런 모습을 보고 '부하직원이 예의가 없구나' 또는 사람에 따라서 '주 과장은 부하직원의 신뢰를 별로 못 받고, 리더십도 부족하구나'라고 판단할 수 있습니다. 이처럼 사람들은 자신의 현재 위치를 옹호하는 입장에서 상황을 판단합니다. 똑같은 행동이라도, 자신의 처지나 입장, 보는 관점에 따라 달리 해석합니다.

그들에게 나의 처지와 그녀의 나쁜 행동을 이야기하는 것은 변명일 뿐 아무런 득이 되지 않습니다. 그런 사람을 이겨내는 유일한 방법은 좀더 대범해지는 것입니다. 오히려 더 합리적인 모습, 어른스러운 모습을 꾸준하게 보여주는 것이지요.

"쉽지 않겠지만, 앞으로 그 후배에게도 더 크고 반가운 목소리로 인사하고 아는 체해주세요. 분명 험담에 동조한 직원들은 처음에는 '저분 왜 이래?'라고 할 수 있어요. 하지만 신경 쓰지 말고 꾸준하게 하세요. 누군가가 그녀 이야기를 하면 '그 친구 입장에서는 내가 싫을 수 있을 거예요'라고 그녀의 입장을 인정해주세요.

두 분 모두 서로 인정받고 싶은 마음이 깔려 있을 거예요. 과장님도 무의식중에 '내가 과장인데'라는 생각이 있을 수 있어요. 그런데 남에게 인정받는 가장 좋은 방법은 그를 인정하는 거예요. 이는 자존감이 높은 사람만 할 수 있어요. 자존감이 낮고 열등감이 많은 사람들은 쉽게 사과하지 못하고, 남을 인정하기 싫어 헐뜯고 다니거든요. 과장님이 훨씬 우위에 있으니 쿨하게 인정하고 안아주면, 상황이 잘 풀릴 겁니다. 그 직원의 태도가 바뀌든, 사람들이 그 직원의 말에 휩쓸리지 않고 상황을 제대로 보게 되든 말이에요."

 대부분의 갈등은 자신의 입장이나 처지 또는 위치를 인정받으려는 과정에서 일어납니다. 내 입장에 대해 공감을 받고 싶어 하는 것입니다. 나도 그렇고 상대도 그런데, 해결이 안 되는 이유는 딱 한 가지입니다. "네가 인정하면 나도 인정하겠다. 너부터 해."
 직장이나 조직에서의 갈등도, 부부싸움도, 친구들과의 다툼도 다 이런 이유 때문에 생기는 경우가 많습니다. 물론 그 친구나 직원을 평생 안 봐도 살 수 있다면 인연을 끊고, 상대가 먼저 굽힐 때까지 기다리면 됩니다. 하지만 내가 연을 끊을 수도 없고, 끊어서도 안 되는 관계라면 그럴수록 스트레스이고 상처만 커질 뿐입니다. 그럴 때는 내가 먼저 상대를 인정해주는 것도 좋은 방법입니다.

껄끄러운 상사와의 관계를
부드럽게 푸는 법

 취업의 관문을 뚫고 중견기업에 입사한 지 6개월이 지났지만, 준기 씨는 매일 출근할 때마다 마음이 무겁습니다. 입사 후 첫 회식자리에서 생긴 사소한 오해로 같은 팀의 김 대리와 관계가 상당히 어색해졌기 때문입니다. 술이 약한 준기 씨가 버티지 못하고 먼저 자리에서 일어났는데, 가보겠다는 인사 없이 빠져나왔던 것이 문제가 된 모양입니다.

 김 대리는 다른 사람을 잘 챙기고 유머감각도 좋은 사람으로 소문난 인기 사원이지만, 준기 씨에게는 유독 차갑습니다. 특히 입사한 지 얼마 안 되어 김 대리가 지시한 업무를 제대로 해내지 못하는 경우가 자주 있다 보니, 둘 사이는 더욱 악화되었지요.

 "김 대리님이 업무를 지시할 때, 모르는 문제가 있으면 어떻게 해결하나요?"

"과장님이나 다른 팀 선배님들에게 조언을 구하고 있어요. 김 대리님은 너무 무섭고 또 부담스러워서 말을 걸지 못하겠어요."

직장생활에서 가장 난감한 것이 같은 부서나 팀 선배와 미묘한 갈등이 지속될 때입니다. 차라리 상대가 부서장이라면 팀의 다른 직원들에게 위로나 격려를 받을 수 있지만, 바로 윗 상사이니 그럴 수도 없습니다.

"앞으로 김 대리님이 어떤 업무를 시키든 다른 사람에게 묻지 말고 직접 도움을 요청하세요. 그게 관계를 개선하는 가장 좋은 방법입니다."

"네? 저를 혼내려고 기회만 보는 분인데 어떻게 도와달라고 하죠? 제가 도와달라고 해도 대꾸도 안 해줄 것 같은데요?"

사람은 자신의 위치, 처지에 대해 인정받고 싶어 합니다. 그리고 어떤 이유로든 인정에 대한 만족감을 얻지 못하면 시비를 걸거나 불편한 상황을 연출하기도 합니다.

김 대리의 입장에서 보면, 첫 회식에서 신입사원이 바로 선임인 자신에게 인사도 없이 몰래 가버린 그 상황이 난처했을 수도 있습니다. 또 준기 씨가 자신이 지시한 업무에 대해 과장님이나 다른 팀 직원들에게 도움을 요청하고 조언을 듣는 행동도 황당했을 것이고요. 이런 상황이 반복되면 사람들은 둘 사이에 무슨 일이 있나 의아해할 수 있고, 김 대리에게 후배를 잘 안 챙겨준다는 괜한 오해가 생길 수도 있습니다.

누군가와 친해지고 싶다면, 그에게 관심을 보이고 능력이나 위치를 인정하는 것이 좋습니다. 이런 경우에는 그냥 도움을 요청하는 것이 가장 좋은 방법입니다. 도와달라는 말 자체에 그의 능력이나 지위에 대한 인정이 포함되어 있기 때문입니다.

"김 대리님, 그동안 저 때문에 많이 속상하셨죠? 제가 생각이 짧았습니다. 지시하신 업무를 잘해내고 싶은 마음은 굴뚝같은데, 실수를 하면 혼이 날까 싶어 대리님께 여쭤보지 못했습니다. 다른 분들께 도움을 요청하는 제 모습에 대리님 입장이 난처하셨을 것 같아요. 정말 죄송합니다. 진심으로 사과드리겠습니다."

신입사원이 들어오면 직장상사나 선배는 이런저런 이야기를 해주고 싶어 합니다. 이런 사람에게 조언이나 도움을 요청하는 것은 "당신의 능력을 인정합니다"라고 말하는 것과 같습니다. 다른 사람으로부터 인정받는 걸 싫어할 사람은 없습니다. 도움과 조언을 구하는 건, 때로는 상대방의 마음을 움직이는 좋은 방법이 됩니다. 여러분도 직장에서, 학교에서, 가정에서 관계를 개선하고 싶은 사람이 있다면 적절한 도움을 요청해보세요.

사사건건 반기드는 나이 많은 부하직원 대하는 법

벤처기업에 근무하는 김재기(가명) 부장은 요즘 고민이 많습니다. 명문 공대를 졸업하고 평소 관심 있던 화장품 벤처기업에 입사한 지 2년, 능력을 인정받아 31세에 기획 및 마케팅 부서를 책임지는 총괄부장을 맡고 있습니다.

그런데 부서원 열 명 중 반 이상이 자기보다 나이가 많아서 힘든 점이 있습니다. 특히 마케팅부 과장은 유독 자신의 이야기에 부정적으로 대응하며 사사건건 부딪쳤습니다. '나는 부장이든 사장이든 할 말은 하는 사람'이라고 이야기하며 다닌다니 어이가 없었지요. 그 과장을 불러 이야기를 해도 요지부동이었습니다. 모든 역량을 집중해도 부족할 판에 어떻게 해야 할지 막막하고, 사장님과 상의했지만 잘 이야기해서 이끌어가라고만 하니 답답할 노릇입니다.

"회사가 성남의 구석진 곳에 있다 보니 직원을 뽑기가 쉽지 않아요. 서울에서 출퇴근하기가 만만치 않거든요. 직원들도 대체인력을 구하기가 쉽지 않다는 것을 알아서 더 그러는 것 같아요. 수요와 공급 법칙이라고 할까요?"

동기부여 이론에 따르면 인센티브나 벌칙 같은 강제적인 것들은 효과가 별로 없다고 합니다. 억지로 행동을 유도하더라도, 즉 지위나 권한을 통해 직원들을 강제적으로 통제하면 표면적인 협조는 얻을 수 있을지 몰라도, 효과가 얼마 가지 못하며, 생산성이나 창의성에도 큰 도움이 안 되고, 주도적으로 일하는 문화가 사라지게 되죠. 오히려 반신반의하던 다른 직원들까지 부정적으로 만들어버릴 수도 있습니다.

어느 조직이든 위와 같은 사람은 한두 명씩 있게 마련입니다. 그들은 자신이 용기 있게 할 말을 하니 동료 직원들에게도 도움이 된다고 생각하며, 희생정신이라도 발휘하는 양 목소리를 높이고 때로는 기고만장하기도 합니다.

그가 비협조적인 이유는 뭘까?

"그 과장님이 왜 그렇게 비협조적으로 나오는지 파악하는 것이 우선이 아닐까요?"

이런 문제를 해결하려면 그의 생각을 알아야 합니다. 불만이 무엇인지 이해하고 문제를 근본적으로 해결해야 다른 직원들도 회사와 상사의 부서 운영에 적극적으로 협조할 것입니다.

그 과장은 5년 전 회사 설립 당시부터 영업일을 맡았던 창업 멤버랍니다. 자신보다 3살이나 어리고 원래 기획부서로 입사한 사람이 자기 부서까지 총괄하니 억울했던 것이죠. 나이 어린 부장에게 자신이 훨씬 많이 알고 잘하고 있다는 것을 과시하고 싶은 마음, 속상함, 그리고 존재감을 인정받기 위해 사사건건 시비를 걸고 있었을지도 모릅니다. 이런 상황에서 힘으로 밀어붙이면 결과는 정해져 있습니다.

"그 과장님의 마음을 알아주고 역할을 만들어주는 것은 어떨까요? 자신의 존재감을 발휘할 수 있는 명분을 주는 것이죠. 아마도 사장님은 부장님이 그 과정을 스스로 잘 극복해내기를 바라고 지켜보고 있을 것 같습니다."

"어떻게 해야 할지 감이 잡히지 않아요. 몇 달 동안 일이 바쁜 와중에도 인사관리와 그 관련된 책들을 읽었지만 답을 찾을 수가 없네요. 구체적으로 어떻게 해야 할까요?"

"만약 부장님이 같은 입장이었다면 어떤 생각이 들까요? 억울한 마음이 들겠죠. 그리고 부장님과 회사 입장에서 그 과장님을 잘 다독여 협조자로 만드는 것과, 새로운 직원을 뽑아서 그 일을 맡기는 것 중 어느 것이 좋을까요?"

답은 정해져 있습니다. 상대방의 입장이 되어 그 마음을 알아주고 더 적극적으로 일할 수 있는 방향을 제시해주는 것이 바람직할 것입니다.

존재 이유를 인정하고 역할을 주어라

김 부장은 그 과장님을 불러 이렇게 말했다고 합니다.

"과장님, 많이 속상하셨죠? 창립 멤버로서 어려운 과정을 헤쳐나가며 현재의 회사를 만드는 데 일조하셨는데, 어느 날 갑자기 어린 제가 와서 부서장을 겸하게 되었으니 회사에 배신감도 느끼셨을 것 같습니다. 하지만 아시다시피 이 일을 잘 해내기 위해서는 과장님의 도움이 꼭 필요합니다. 저는 원래 제품기획이나 개발이 주 업무이고 여기에 더 관심을 가지고 있습니다. 그런데 사장님이 영업부서 업무를 맡으라고 하셨을 때 무조건 거절할 수가 없었어요. 아마도 영업의 어려움을 알아야 한다는 뜻이 담겨 있었던 것 같아요.

그래서 일단 맡기로 했고, 그렇게 결정했을 때 믿었던 구석은 오직 과장님뿐이었습니다. 상황이 안정되면 사장님께 마케팅은 과장님이 부서장으로서 관할했으면 좋겠다고 건의드릴 생각이었습니다. 저는 어서 빨리 제 주력 분야인 기획과 개발에 더 집중하고 싶습니다. 과장님의 도움이 필요합니다. 과장님은 다른 직원들의 신망도 높으니 그것이 곧 회사 성장의 디딤돌이 될 것이니까요. 도움을 부탁드립니다."

리더나 관리자는 직원 각자에게 역할과 명분을 만들어주어야 합니다. 그래야 직원이 존재감을 느끼게 되고 자존감이 높아지며 일에 긍정적인 마음을 갖게 됩니다. 직장이나 가정에서 대들거나 반항이 심한 사람이 있다면, 그가 인정받고 싶어 한다는 것을 깊이 인식하고, 어떤 존재감을 갖고 싶어 하는지 한번 고민해보는 것이 좋습니다.

거래처 내 편으로
만드는 법

　　　　　　　　　　　　　미국계 반도체 관련 부품 유통업체에서 근무하는 주현 씨는 요즘 많이 힘듭니다. 10년 넘게 일본에서 생활하며 대학을 졸업하고 후지쓰에서 근무한 경험을 살려 일본 반도체업체들과 거래관계를 만들어내기 위해 고군분투하고 있지만, 성과가 생각만큼 나오지 않는 모양입니다. 특히 파나소닉의 협력업체가 되기 위해 지난 1년간 하루에 한 번 이상씩 구매팀 담당자들과 통화하며 좋은 관계를 유지하고 있는데도, 실제 거래관계는 좋지 않아 많이 초조해졌습니다.

　"이번에 처음으로 파나소닉 반도체 재고 거래가 진행 중인데, 담당자가 계속 가격을 올리는 거예요. 문제는 우리가 무조건 그 재고를 떠안을 수가 없어 사줄 업체에게 중개해야 하는데, 파나소닉 때문에 오랫동안 힘들게 만들어둔 신뢰도가 무너지는 느낌이에요."

당시 반도체 가격이 고공행진 중이었습니다. 반도체 부품의 수요가 많으니 갖고 있는 재고를 중계하는 업계도 호황이지만, 가격을 맞추는 것이 쉽지는 않을 것입니다. 파는 쪽에서는 계속 높은 가격을 받으려 할 것이고, 사는 쪽에서는 조금이라도 낮은 가격을 원하기 때문입니다. 그러나 주현 씨가 힘들어하는 것은 가격 때문이 아닙니다. 매매중개를 하는 상황에서 팔려는 측이 말을 바꾸며 계속 가격을 올리는 것이었죠. 한두 번도 아니고 벌써 세 번째 단가를 올려달라고 하니 사는 사람의 입장에서 기분이 상할 수 있지요. 파나소닉이 자꾸 '간'을 본다고 생각할 수가 있을 테니까요.

혹시 말 못할 사정이 있지 않을까?

"자꾸 그러니까 저만 곤란해졌어요."

"그럴 겁니다. 중간에 있는 입장에서 주현 씨는 자꾸 말을 바꾸는 사람이 되고, 사려는 측의 사람도 결재를 계속 새로 받아야 하니 민망할 겁니다. 그런데 파나소닉 입장에서 보면 무조건 가격을 올릴 수는 없을 것 같은데요. 혹시 원가와 반드시 맞춰 팔아야 하는 가격이 있지 않을까요? 그것을 물어보는 것은 어떤가요?"

"그걸 이야기해줄까요?"

영업을 하다 보면 아무것도 아닌데 거래가 틀어지거나, 우연한 기회에 성사되기도 합니다. 상대방이 걱정하고 고민하는 것을 알아주고, 그 고민을 해결하기 위해서 노력하고 있다는 진심이 전해질 수 있다면 문제가 의외로 쉽게 해결되는 것이죠.

나는 고민 끝에 이런 내용으로 메일을 보내보라고 힌트를 줬습니다.

오늘 우리의 협상에 대해 생각해봤습니다. 파나소닉 입장에서는 조금이라도 더 좋은 가격을 받아 회사에 도움이 되어야 하겠지요. 담당자인 당신이 우리가 제안한 가격보다 더 좋은 가격은 없는지 알아봐야 하고, 다시 제안을 해야 할 것입니다. 우리도 파나소닉이 재고를 더 비싼 가격에 팔 수 있도록 매수자에게 그 가격을 맞추어 달라고 계속 설득하고 있습니다. 그런데 알다시피 가격이 자꾸 달라지면 우리 둘 다 신뢰를 잃게 됩니다. 우리 회사 입장에서 파나소닉은 무척 중요한 거래처이기에 고민 끝에 이렇게 제안을 드리고자 합니다.
파나소닉 네트워크가 우리 회사보다 정확하고 많은 정보를 갖고 있을 것입니다. 귀사가 꼭 받아야만 하는 가격, 즉 받을 수 있을 것이라 생각하는 가격을 알려주십시오. 만약 귀사가 제시한 가격으로 거래할 수 있으면 우리 회사가 인수하고, 만약 어렵다면 이번 거래는 다른 쪽에 양보하겠습니다. 만약 그러한 배려에도 불구하고, 우리가 그 가격을 맞추지 못한다면 우리의 능력 부족이라고 받아들이겠습니다. 또한 향후에 다른 도움이라도 드릴 수 있도록 반성하고 더 노력하며 기다리겠습니다.

영업이나 사람 관계나 거의 유사합니다. 보통 물건이나 서비스를 파는 것을 영업이라고 생각하지만, 내 생각은 다릅니다. 나를 믿고 나를 통해 물건이나 서비스를 구매하게 하는 것이 영업이 아닐까요. 나를 통해 산다는 것은 나를 신뢰한다는 것입니다. 파나소닉 담당자에게 "이 사람이 나의 상황을 이해해주고 어떻게든 도와주려는구나" 하는 마음이 전달될 수만 있다면 거래는 반드시 성사될 것입니다. 특히 어떤 어려움이 있는지 알아주고, 그 어려움을 해결해주려는 '진심'이 전해질 수만 있다면 그 가능성은 높아집니다.

며칠 뒤 주현 씨에게 전화가 왔습니다. 자기 회사가 10년 넘게 노력했지만 성과가 없었는데, 이번에 드디어 파나소닉 협력업체로 등록되었으며 해당 거래도 성사되었다고 하더군요.

"알려주신 대로 그날 저녁에 메일을 보냈거든요. 그런데 다음 날 아침에 고맙다고 전화가 왔어요. 가격도 알려주었고, 왜 그 가격을 받아야 하는지 상황도 알려줬고요. 다시 생각해도 신기합니다."

일본이든 한국이든, 국경도 인종도 다르지만 결국 그들도 우리와 같은 사람입니다. 자신의 마음을 알아주고 도와주려는 마음을 갖고 있는 사람을 좋아할 수밖에 없는 것이지요. 비슷한 조건이라면 자신과 통하는 사람을 도와주고 싶은 것이 인지상정입니다.

승진대상자라면
알고 있어야 할 한 가지

김 대위는 직업군인입니다. 대학 시절 군대를 제대했지만, 졸업 후 학사장교로 재입대하여 대위로 복무 중입니다. 그런데 지난 달 소령 진급 심사에서 누락되었습니다. 지금도 동기들보다 일곱 살 이상 나이가 많은데 진급에 누락됐으니 낙심이 이만저만이 아닙니다.

"세상 참 불공평합니다. 일을 제가 거의 다 혼자 하는데, 일은 별로 안하면서 술자리를 자주 갖는 다른 사람들이 진급합니다. 소령만 달면 연금 수급 자격도 되는데…, 참 속상합니다."

군대에는 계급 정년이 있습니다. 일정 기간 안에 진급을 못 하면 제대해야 합니다. 모아놓은 돈도 별로 없고 다음 진급 심사에서 또 누락되면 살아갈 길이 막막합니다. 상황이 이렇다 보니 마음이 조급해집니다.

군대에서 10년 가까이 근무한 그에게는 재테크로 빨리 1억원을 모으는 것보다 더 중요한 것이 소령 진급이었습니다. 나는 왜 진급 심사에서 탈락했는지 그가 생각하는 이유를 물었습니다.

그가 진급 심사에 떨어진 이유

그는 두 가지 요인을 꼽았습니다. 첫째, 작년에 당직 근무 중에 병사 한 명이 자살 시도를 했다고 합니다. 당직 사관이었으니 책임을 면할 수는 없었지만, 진짜 책임을 져야 할 사람은 빠져나가고 자신이 견책을 당하면서 불이익을 당했는데 그 요인이 한몫했을 것이라 추측했습니다. 두 번째 이유는 불합리함이라 보고 있었습니다. 자신을 일을 많이 하면서도 손해만 보는 불합리한 상황의 피해자라고 생각했습니다.

공병사무직 장교인 그는 일이 정말 많다고 합니다. 같은 사무실의 다른 장교들과 하사관들은 농담하고 술 마시고 일은 제대로 하지 않는데, 자신은 한 달 내내 일만 하는데도 인정을 받지 못한다고 억울해했습니다.

"진짜 억울하겠네요. 매일 그 많은 일을 묵묵히 처리하는데도 그러니 정말 속상할 일이네요. 그런데 한 번 견책을 받으면 원래 진급이 안 되나요?"

"꼭 그런 건 아닙니다. 견책은 큰 징계가 아니니 큰 걸림돌은

되지 않습니다."

"그렇다면 내년 진급 심사를 어떻게 준비해야 누락되지 않을까요? 혹시 생각해봤나요?"

한참 동안 생각하던 김 대위는 먼저 일을 더 열심히 해야 할 것이라고 했습니다. 소령 진급 심사위원이 부대의 상급자들이므로 자신이 담당하는 예산 배정 업무의 관련자들에게 신경을 더 많이 쓰고 일을 잘하면 심사에 유리할 것이라 했습니다. 그런데 그 대답이 너무나 막연했습니다. 진급 심사위원이 누구인지도 모르는 상황에서 누구에게 잘 보일 것이며, 또 누구에게 업무협조를 잘 해줘야 할까요?

나는 한 가지 사실에 주목했습니다. 김 대위는 부대원들과 교류가 무척 적었습니다. 술은 거의 하지 않았고, 하루 종일 일만 하는 사람이었습니다. 자신은 다른 사람과 적극적으로 어울리기보다는 조용히 일만 하는 성격이라고 했습니다.

아니 좀더 정확하게 말하면, 그는 다른 사람에게 관심이 없었습니다. 관심이 없으니 업무 능력을 떠나 좋은 평가를 얻을 수가 없었지요. 부대 내에서 친한 사람도 없었고요.

"제가 느끼기엔 부대 내에 대위님 편이 없다는 생각이 드네요. 진급 심사위원들이 김 대위에 대한 평을 누군가를 통해 듣게 될 텐데, 그냥 일만 하는 사람이라고 평가내릴 수도 있어요. 좀더 심하게 말하면, 일만 열심히 하는 사회성이 없는 사람이라는 이야기를 들을 수 있는 거죠."

"제가 워낙 내성적이라 누가 말을 먼저 걸지 않는 이상 할 말이 별로 없어서요. 무슨 말을 해야 할지도 모르겠어요."

사람은 누구나 인정받고 싶어 합니다. 직장생활에서 인정은 곧 관심입니다. 타인에 대한 관심이 없으면 관계가 형성되지 못하고, 관계가 생기지 않으면 호감을 얻을 수 없습니다. 조직생활은 사람과 부대끼는 삶입니다. 그 속에서 관심, 즉 호감을 주고받지 못하면 업무 능력이 아주 특출나지 않는 한 불이익을 받을 수밖에 없습니다.

우리가 살아가면서 "그 사람 어때?" 이렇게 물으면, 대부분은 "사람 좋아. 인성도 좋고 주변관계도 깨끗하고." 이렇게 이야기합니다. 일하는 능력보다 그 사람에 대한 감성적인 부분이 먼저 나오게 된다는 것이죠.

관심이 있어야 관계가 만들어진다

관심은 아부가 아닙니다. 그냥 관심입니다. 다른 사람에 대한 관심이 있어야 관계가 만들어진다고 했습니다. 사람들은 자기를 좋아하는 사람과 자기에게 관심을 갖고 있는 사람을 좋아합니다. 자기에게 말을 걸어주는 사람을 좋아합니다. 자기를 인정해주는 사람을 좋아합니다.

진급 심사는 단순히 평가 항목의 수치만으로 이루어지는 것이 아니고 심사자의 주관적인 관점이 중요합니다. 그러므로 진급에 유리한 사람은 많은 사람들이 좋아하는, 긍정적인 평가를 받는 사람입니다.

"김 대위님, 다른 사람에게 관심을 보여주세요. 군대생활이든 사회생활이든 사람 사는 건 다 똑같습니다. 휴가를 다녀온 직원이 오랜만에 출근했다면 어디에 다녀왔는지, 무엇이 즐거웠는지 물어주고 부러워해주는 것이 관심입니다. 힘들어하고 아파하는 직원이 있다면, 무슨 일이 있는지 물어보고 같이 아파해주고 위로해주는 것이 관심입니다. 기뻐할 일이 있으면 큰 소리로 웃어주고 축하해주는 것이 관심입니다. 누군가 주말에 야구장에 다녀왔다면 어느 팀을 응원하는지, 자신은 어느 팀을 좋아하는지 의견을 교환하는 것도 관심입니다. 그런 관심을 주는 사람이 정이 있는 사람, 관계를 좋게 만드는 사람, 즐거움을 주는 사람이라고 인정받습니다."

김 대위는 타인에게 관심을 두지 않았다고 인정했습니다. 출근하면 일만 했다고 합니다. 여러 사람이 모여서 가족, 취미, 텔레비전 이야기를 할 때도 관심 없이 일만 했답니다. 다른 사람과 소통하지 못하고 공감하지 못하니 힘든 일은 거의 다 자기에게 돌아오고, 불리한 상황이 자기 탓이 되고, 열심히 일해도 인정받지 못하고 있었으니 진급이 누락되었던 것입니다.

"먼저 인사하고, 먼저 점심 같이 하자고 이야기해보세요. 거기에서 시작하세요. 말하면 열심히 들어주고 맞장구치는 연습을 하세요."

자신의 능력으로 일을 처리하는 것처럼 보여도, 대부분의 일은 사람과의 관계에서 해결되고 문제가 생기기도 합니다. 다행히 김 대위는 성실합니다. 성실하기에 충분히 의식하고 노력하면 큰 어려움 없이 주위 사람들과 좋은 관계를 맺게 될 것입니다. 처음에는 어색하고 힘들겠지만 차근차근 의식적으로 노력하다 보면 분명 습관이 됩니다.

열심히 일하는데 인정받지 못한다면

김 대위처럼 '나는 열심히 하는데' '나만 일하고 있는데'라고 생각하며 별로 인정받지 못한다고 느끼는 분이 있다면 꼭 주변을 둘러보기 바랍니다. 혼자만의 생각과 능력에 기대는 것도 중요하지만, 같이 일하는 동료들에게 관심을 주고 그들을 먼저 인정을 하는 사람인지 꼭 점검해보세요.

말하지 않으면, 표현하지 않으면, 질문하지 않으면, 관심을 갖지 않으면 상대방은 물리적인 거리 외에 정서적으로 가까워질 수 없습니다. 감정적으로 가까워지는 관계를 만들어둘 때 그 관계에서 힘을 얻고 또 줄 수 있을 것입니다.

언제까지 척할 거냐, 그렇게 될 때까지

직장인에게 어떤 직원이 되고 싶은지 물어보면, 거의 대부분 능력을 인정받는 직원이 되고 싶다고 합니다. 그렇다면 어떻게 해야 직장에서 인정받을 수 있을까요? 이렇게 질문을 하면 대다수는 아래와 같이 답변을 합니다.

"사장의 마음으로, 주인정신으로 성실하게 일하다 보면 인정받지 않을까요?"

그런데 여기서 정말 중요한 것이 있습니다. 내가 '그런 마음으로 열심히 일하고 있다'고 말하는 것은 의미가 없습니다. 다른 사람들이 내가 유능하게 일하고 있다는 것을 알아줘야 합니다. 그리고 때로는 실제로 그렇게 믿게끔 적당한 '연기'를 할 줄 알아야 합니다. 연기라고 해서, 필자가 '사기'나 '일하는 척하자'고 말하는 것으로 오해하지 않았으면 합니다. 제가 말씀드리는 것은 정말로

4장 왜 일보다 사람이 더 힘들까 165

회사를 위하는 진심이 있다면, 그것을 다른 사람들이 인식하게 만들어야 한다는 것입니다.

평범한 사람들이 자신의 상품가치를 높이는 방법은 결국 자신이 어떻게 하느냐에 달려 있습니다. 금수저를 물고 태어나지 않았지만, 자신의 힘으로 인정받는 사람이 되고 싶다면 연기라도 해보세요. 이미 인생의 선배님들이 공감하는 방법입니다. 몇 가지 팁을 드릴게요.

첫째, 항상 밝은 표정으로 인사하세요. 사람들은 대부분 밝은 성격을 좋아합니다. 웃는 표정과 함께 밝게 인사하는 사람은 좋은 인상을 남기게 됩니다. 그런 사람에게 말을 걸고 싶고 같이 이야기 싶어하는 것이 인지상정입니다. 회사 건물 안에서 만나는 모든 사람(경비원, 청소하시는 아주머니, 택배 아저씨까지)에게 큰 소리로 인사해 보세요.

저는 사람 얼굴을 잘 기억하지 못합니다. 농담으로 '안면인식장애'라는 병이 있다고 할 정도입니다. 그래서 한 건물에 그룹사 전체가 입주해 있는 회사에 다닐 때, 혹시라도 윗분들을 못 알아보고 인사를 안하면 어쩌나 노심초사했습니다. 이때 내린 결론이 건물 안에 들어오면 누구에게든 무조건 인사하자였습니다. 그리고 퇴사할 때쯤에 저는 어느새 예의 바른 사람이 되어 있었고, 나중에 제 일을 시작했을 때도 그런 평판이 큰 도움이 되었습니다.

둘째, 윗사람이나 동료의 업무 부탁에는 되도록 긍정적으로 답변합니다. 동료나 상사가 좋아하는 직원들은 대부분 긍정적인 대답을 하는 사람들입니다. 업무 부탁에 대뜸 어렵다거나 힘들다는 말보다는 "어떻게 해야 할지 고민해보겠습니다"라는 답변이 좋습니다. 만약 그 일이 정히 어렵다면, 고민해본 결과 이런저런 고충이 있다고 말하면 됩니다. 그럴 때 신뢰를 얻고 지지를 얻게 됩니다.

셋째, 30분 일찍 출근하는 것도 한 방법입니다. 바로 업무에 들어갈 수 있도록 준비하거나, 경제신문이나 책을 읽는 것도 좋습니다. 1년 이상 그런 모습을 꾸준히 보여주면 성실함을 인정받을 수 있습니다.

넷째, 상대방에 관심을 표현합니다. 앞에서 여러 번 이야기했듯이, 직장생활도 사회생활과 다를 바가 없이 '관계'에 의해 평가받을 수밖에 없습니다. 상대에게 호감을 주려면 내가 관심을 갖고 표현하는 것이 가장 좋은 방법입니다.

다섯째, 이 모든 것을 꾸준하게 해야 합니다. 꾸준함이야말로 신뢰를 얻을 수 있는 가장 좋은 방법입니다.

만약 현재의 내가 그렇지 않다면 '그런 척'이라도 해보세요. 그렇게 하다 보면 습관이 됩니다. 그렇다면 언제까지 '척'을 해야 할까요? 그렇게 될 때까지, 그런 사람이 될 때까지 척해야 합니다. 이렇게 하다 보면 습관이 되고, 여러분이 그런 사람이 되어 있을 것이며, 여러분의 인생 또한 크게 변화할 것입니다.

연봉협상 전
꼭 해야 할 한마디

공단에서 근무 중인 김기남 과장은 10년째 만년 과장인데다 급여도 별로 오르지 않는 걸 답답해했습니다. 회사가 탄탄한 실적을 올리고 있고, 자신도 최선을 다해 일하며 성장에 일조하고 있으니 이번에는 연봉협상을 단단히 하려고 벼르고 있었습니다. 만약 급여를 올려주지 않으면 그만둔다고 말할 것이라며, 사장에게 연봉 인상을 강력하게 어필할 만한 말이 무엇인지 내게 물었습니다.

"과장님, 10년째이면 지난 2008~2009년 금융위기 때도 이 회사에 다니셨겠네요? 그때 많은 회사들이 힘들었는데 과장님 회사는 괜찮았나요?"
"힘들긴 했지만 우리 회사는 그래도 사정이 좀 나았어요. 당시

이 지역에서 급여가 밀린 회사도 여럿이었고 바로 옆 회사는 부도가 났지요."

"경영자 입장에서만 보면 회사가 힘들었어도 월급 한 번 밀린 적 없이 경영을 잘한 거네요. 그렇다면 이번 연봉협상에서는 '금융위기 때 회사가 안정적이어서 참 다행이다 싶었고 또 감사했습니다'라는 이야기로 시작하는 것은 어떨까요? 과장님이 사장님께 연봉 인상으로 인정받고 싶어 하는 것처럼, 사장님도 회사를 잘 경영하고 있다고 인정받고 싶을 수 있으니까요."

협상의 목적은 자신이 원하는 것을 얻으려는 것입니다. 문제는 상대편도 똑같이 이익을 원한다는 것입니다. 협상은 사장님이든 김기남 과장이든 둘 중 한 사람이 기꺼이 기분 좋게 양보할 때 성공합니다. 이때 핵심은 상대방의 입장에 공감해주는 것입니다. 이는 상대방의 의견에 무조건 따른다는 것과는 다릅니다. '너의 입장은 이런 것이지'라고 물어주고 그것을 인정해줄 때, 상대도 내 말을 들어줄 마음을 가지게 됩니다.

협상에서 자주 나오는 말이 윈-윈 전략입니다. 이 연봉협상에서 김 과장은 실제 숫자(돈)를 얻는 것이고, 사장님은 인정이라는 감정을 얻는 것이지요.

한 번도 하지 못한 말, 비로소 건네는 말

"연봉도 오르고 진급도 했어요. 돌아보니 금융위기가 닥쳐 다른 회사가 부도날 때 우리 회사는 건재한 것이 천만다행이었고, 어려운 상황에서도 월급 한 번 밀린 적 없었던 당시가 기억나더군요. 그래서 사장님께 '한 번도 그런 말씀을 못 드렸는데 감사 인사부터 드리겠습니다'라고 한 것이 전부였어요."

김 과장이 내게 전해온 말입니다. 김기남 과장의 경우는 운이 좋았을 수도 있습니다. 그러나 그만큼 많은 사람들이 인정에 목말라 하고 있다는 것을 보여주는 예이기도 합니다.

경제가 힘들수록 남에게 공감해주려는 사람보다는 공감을 받으려는 사람들이 많습니다. 내가 그런 것처럼 상대도 마찬가지입니다.

하지만 내가 먼저 손을 내밀지 않으면 상대방도 손을 내밀어주지 않습니다. 정말 상대방이 듣고 싶어 했던 말을 할 때, 그들이 공감을 받았을 때 내 말에 귀를 기울여줍니다. 협상은 그런 것입니다. 내가 얻으려고 하기 전에 상대방을 더 챙겨주려는 마음을 보여주기만 해도 그 협상은 이미 절반 이상 성공한 것입니다.

어색한 상대와 매끄럽게 전화통화 하는 법

요즘은 업무에서도 문자나 모바일 메신저를 이용해 의사소통을 하는 경우가 많습니다. 그래서인지 전화통화를 어려워하는 분들이 많습니다. 어색하고 어려운 상대와 매끄럽게 통화하는 팁 몇 가지를 정리해보겠습니다.

가장 불필요한 말, 지금 통화 가능하세요?

업무상 전화통화를 할 때 이런 말을 하는 분들이 많습니다.
 "지금 통화 가능하세요?"
 상대를 배려하는 뜻이 담긴 말이긴 합니다만, 이렇게 묻는 것은 좋지 않습니다. 상대에게 전화를 거절할 명분을 주기 때문입니다. 만약 "네" 또는 "지금 바쁘거든요"라고 대답하면 더 이상 통화를 계속할 수 없습니다. 만약 상대가 그렇게 대답했는데도 말을 계속하면 예의 없는 사람이 되어버리죠.

쉽게 생각하면 됩니다. 상대가 전화를 받을 수 없는 상황이라면, 애당초 전화를 받지 않거나, 받기는 하되 바로 지금은 통화가 어렵다고 거절할 것입니다. 호의적일 경우 미안하지만 지금 전화를 받을 수 없으니 조금 뒤에 하자고 할 것입니다. 그러니 굳이 먼저 "지금 통화 가능하세요"라고 물을 필요가 없습니다.

전화통화가 어색한 사이라면 활기차고 큰 목소리로 말해보세요. 어색함을 풀어주는 가장 좋은 방법입니다. 의식적으로 밝고 큰 목소리로 말하고, 상대의 말에 긍정적인 반응을 보여주면 그 감정이 그대로 상대에게도 전달됩니다.

날씨 이야기는 누구에게나 통한다

관계가 친밀하지 않고 약간 서먹한 관계일 경우라면, 자기소개가 끝난 후가 가장 어색합니다.

"안녕하세요? 저는 ＊＊＊입니다."

이 말 이후 용건을 바로 말하자니 예의가 없는 것 같고, 무슨 이야기를 해야 하나 어색해집니다. 이런 경우에는 상대와 내가 같이 알고 있는 이야기를 가볍게 꺼내는 것이 좋습니다. 가장 무난한 것은 날씨입니다. 추우면 추운 대로, 더우면 더운 대로, 좋으면 좋은 대로, 부담 없는 대화 소재로 쉽게 공감대를 이끌어낼 수 있습니다.

"오늘 날씨 너무 춥죠? 감기 안 걸리게 따뜻하게 입으셨죠?"

"간만에 화창한 날씨에 상쾌한 기분으로 과장님과 전화통화를 하니 참 좋네요."

딱 한 문장만으로도 공감대를 형성하고 대화를 부드럽게 이어갈 수 있습니다. 상대에 따라 축구나 야구 같은 스포츠 경기 이야기로 인사를 꺼내는 것도 나쁘지 않습니다. 하지만 상대가 관심이 없는 주제라면 분위기를 급격하게 냉각시킬 수 있습니다.

반면 꼬치꼬치 캐묻는 취조식 질문은 피해야 합니다. '이 사람 뭐지?' 하는 긴장감을 상대방에게 주기 때문에 통화가 더욱 어색해집니다.

사람의 신뢰를 얻는 데에는 오랜 시간이 걸리지만, 그것을 잃어버리는 데에는 딱 한 번의 실수로도 충분합니다. 어떻게 해야 상대방의 신뢰와 좋은 반응을 얻을 수 있을까요? 그것은 여러분이 '상대가 이렇게 해주었으면 좋겠다'라고 생각하는 대로 해주면 됩니다. 전화통화도 마찬가지입니다.

이메일, 문자,
메신저 잘 쓰는 법

소통의 가장 좋은 수단은 직접 만나서 대화를 하는 것입니다. 의사소통에서는 표정이나 몸짓 등 비언어적 요소가 90% 이상의 역할을 차지할 만큼 중요합니다. 직접 만나서 대화하는 도중에, 상대가 나의 태도를 보고 "내 말에 경청을 하고 있구나"라고 느끼면 신뢰를 갖게 되고, 신뢰를 하게 되면 나의 말에도 주의를 기울이게 됩니다.

현실은 직접 대면 대화가 줄어드는 추세입니다. 이메일, 문자, 모바일 메신저, 전화를 자주 이용하죠. 문제는 이것들은 비언어적 요소를 통해 경청의 모습을 보여줄 수 없다는 점입니다. 그래서 소통이 아닌 정보교환 수준에서 머물기 쉬우며, 때로 작은 실수로도 상대방의 오해를 사기 쉽습니다.

그렇다면 이메일, 문자, 메신저를 잘 쓰는 방법은 무엇일까요?

이메일 잘 쓰는 법

이메일은 대화보다 더 어렵습니다. 용건만 달랑 쓰자니, 읽는 사람 입장에서는 이런 메일이 성의 없어 보일 수 있고, 앞뒤에 말을 주절주절 늘어놓으면 상대가 매우 귀찮고 짜증스러울 수 있습니다. 그러므로 둘이 공감할 수 있는 특별한 이야기가 없다면, 인사말에서 두어 문장, 끝맺을 때 한두 문장 정도로 마치는 것이 좋습니다.

답장을 할 때도 마찬가지입니다. 상대는 나름대로 생각해서 어렵게 쓴 글입니다. 그러므로 적절하게 반응을 해주어야 하며, 의견을 요구한 메일에는 읽고 이렇게 느꼈다는 코멘트를 해주는 것이 좋습니다. 이는 대화할 때 맞장구를 치거나 경청하는 것과 비슷한 역할을 합니다. 대화할 때 상대방의 이야기를 요약해주는 것과, 이메일로 답장을 보낼 때 상대방의 감정을 추측하고 반응해주는 것은 동일한 과정이라고 할 수 있습니다.

도움이나 협조를 요청하는 메일에 상대방이 답장을 보내왔다면 꼭 감사 인사를 보내는 것이 좋습니다. 사람들은 메일을 보낸 후 상대방이 메일을 읽었는지 확인하고 싶고 반응을 보여주길 원합니다. 상대방이 기대하는 그대로 해주어야 합니다.

문자 및 메신저 잘 쓰는 법

이메일은 길게라도 써서 충분히 상황을 설명할 수 있지만, 문자나 메신저는 길게 쓰기가 힘들고 감정을 담기도 어렵습니다. 마찬가지로 상대의 문자에도 감정이 제대로 담겨 있지 않으니, 나 또한 상대방의 의도를 오해할 수 있습니다. 그래서 문자는 미묘한 갈등이나 충돌, 오해를 일으키기가 매우 쉽습니다. 특히 문자 메시지의 경우 짧기 때문에 화가 났거나 다툼이 있을 때 평정심을 잃고 쏘아붙이거나 비난하기 쉽습니다. 그래서 더욱 주의 깊고 섬세하게 반응해야 합니다.

가장 좋은 방법은 아주 특별한 상황, 예를 들면 통화가 곤란하거나 상대방을 배려해야 할 처지가 아니라면 문자나 메시지보다는 무조건 전화로 통화하는 것이 좋습니다.

의사소통에서 가장 좋은 것은 '직접 대면 > 전화통화 > 이메일 > 문자(혹은 메신저)' 순입니다. 물론 축하할 일이나 기뻐해주고 싶은 것은 메시지로도 그 마음을 충분히 담아 보낼 수 있습니다.

반면 슬픔이나 위로, 공감을 표현하고 싶을 때는 만나서 위로하는 것이 좋고, 그것이 어렵다면 통화나 메일을 사용하는 것이 좋습니다. 만약 이런 내용의 메시지가 도착했다면 연락을 준 상대에게 바로 전화를 거는 것이 낫습니다.

5

왜 자꾸
화가 날까

싫은 사람을 적당히 대하는 법

왜 자꾸
화가 날까요

"미소님, 제가 왜 그럴까요?" 익지 씨는 나를 만나자마자 자신이 이상한 것 같다고 하소연을 했습니다. 가끔 사람들이 싫어지는데 왜 그런 것인지, 이런 태도가 정상인 것인지 생각이 많은 것 같습니다. 무슨 일이 있었는지 물어보았습니다.

"지하철에서 사람들이 내리기도 전에 타는 사람을 보거나, 내려야 하는데 문 앞에서 버티고 서 있는 사람들을 보면 화가 납니다. 그래서 그런 사람들을 그냥 밀어버려요. 스마트폰 때문에 내 앞 길을 방해하는 사람을 만날 때도 마찬가지예요. 왜 이렇게 사람들이 예의가 없는지 화가 나고, 그런 사람을 만나면 일부러 부딪히기도 해요."

익지 씨 이야기를 들으니 상황이 그려집니다. 사람들이 내리기도 전에 무리하게 밀어붙이며 지하철에 타는 사람들, 갑자기 끼어들거나 다른 차량을 위험하게 하는 운전자를 만나면 나도 익지 씨처럼 화가 납니다. 그들을 불러 세워 한 소리 하고 싶은 마음도 듭니다. 타인을 배려하지 않고 불편함과 불쾌감을 주는 것을 보면 화가 나는 것은 당연합니다.

차이가 있다면 익지 씨는 자신의 화를 행동으로 표현한다는 것입니다.

"익지 씨가 일단 몸이 좋잖아요. 똑같은 행동을 해도 그들이 쉽게 시비를 걸지 못하겠네요?"

"네, 그래서 더 강하게 행동하는 것 같아요. 그런데 이게 잘하는 건 아니잖아요. 내가 왜 그렇게 생각하고 행동하는지 궁금해요. 제가 왜 그럴까요?"

타인을 불편하게 만드는 사람은 공감력이 없는 사람입니다. 남이 불편할 수 있다는 것을 생각지 못하고 자신이 편한 대로 살아가는 사람들이죠. 인간이 썩은 냄새를 경계하듯 이기적인 사람을 혐오할 수 있습니다. 그 점은 전혀 문제될 것이 없습니다. 다만 익지 씨처럼 힘으로 그 사람을 응징(?)하려는 게 문제이지요. 잘못해서 일이 커지면 큰 싸움으로 번질 수 있으니 그 점을 고치고 싶었던 모양입니다.

내가 모르는 이유가 있겠지

혹시 요즘 갑자기 짜증이 많아지고 인내심이 부족해지고 평상시와는 달리 긍정적인 마음도 많이 없어졌나요? 그런 느낌이라면 현재 자신의 상황을 점검해보는 것이 좋습니다. 식사를 제때 하지 못하는 것은 아닌지, 체력이나 건강에 이상이 있는 것은 아닌지, 휴식을 취하라는 마음의 신호가 아닌지 생각해봐야 합니다. 배고프고, 짜증나고, 힘들고 아픈 상황이라면, 즉 내가 편하지 않은 상황에서는 공감이 발휘될 수 없으니까요.

익지 씨에게 이 이야기를 했더니 수긍하더군요.

"맞는 것 같습니다. 요즘 제가 심리적으로 많이 쫓기고 있어요. 건강도 그렇고 프리랜서 생활을 하고 있는 것도 무척 불안합니다. 결혼 문제도 그렇고 심리적인 상황이 걸려 있는 게 맞아요. 상황이 쉽게 개선되는 것도 아닌데, 혹시 이런 마음을 조금 부드럽게 바꿀 수 있는 방법이 없을까요?"

내가 겪은 일을 익지 씨에게 이야기해주었습니다.

"얼마 전 운전 중에 겪은 일이에요. 강변북로에서 영동대교를 타려면 도로 끝에서 우합류를 해야 하는데, 그날따라 한 시간이 넘게 밀리더라고요. 그런데 영동대교 직전에서 차들이 계속 끼어들기를 해서 짜증이 나더라고요. 내 차례가 되어 진입을 하려는데 또 끼어드는 차가 있지 않겠어요. 저는 괘씸한 마음에 끼워주지 않으려고 했죠. 그런데 그 운전자가 차에서 내려 뛰어오더니 '죄송합니다. 아내 양수가 터져 빨리 병원에 가봐야 해서요'라고 하지 않겠어요. 얼마나 미안했는지 몰라요. 깜짝 놀라 얼른 양보를 해주었어요. 그다음부터는 그런 운전자들을 만나면 '뭔가 급한 이유가 있겠지'라고 편하게 생각합니다. 그게 제 정신건강에 좋겠다는 생각이 들었거든요."

"그때 정말 당황하셨겠네요. 그러니까 '다 그런 것은 아니겠지만, 뭔가 급한 이유가 있겠지?'라고 생각하자는 말씀이네요? 그게 좋을 것 같습니다. 짜증난다고 괜히 힘쓰다가 나만 힘들어질 수 있으니, '내가 모르는 다른 무언가가 있을지 몰라' 하면서 마음을 다독이면 기분도 나빠지지 않고요. 괜찮은 방법 같습니다."

때로는 사건 때문이 아니라 사건에 대한 나의 반응 때문에 문제가 커지기도 합니다. 그럴 땐 차라리 '뭔가 급한 이유가 있겠지'라고 생각해보세요. 내 마음도 편해지고 서로가 불편해질 일도 없어질 수 있으니까요.

수준 이하의 사람에겐 에너지를 아끼자

잘못된 것은 잘못되었다고 이야기해야지, 그렇게 피하는 것은 비겁한 방법이라고 생각하는 사람도 있을 것입니다.

  분명 그 생각이 맞습니다. 그런데 좋은 말이라도 모든 사람이 똑같이 반응하는 것은 아닙니다. 그 말을 들을 만한 그릇을 가지고 있는 사람에게만 좋은 영향을 줍니다. 만약 그런 이야기에 수긍할 정도로 공감력이 있는 사람이라면 먼저 미안하다고 양해를 구했을 것입니다. 이를테면 비상등이라도 켜서 미안하다는 표시를 하는 사람 정도는 되어야지요. 그렇지 않은 사람에게는 이것이 옳은 것이라고 이야기해봤자, 싸움밖에 날 게 없으니 그냥 내 마음이라도 편하자라고 생각하게 된 것입니다. 물론 정말 급한 상황이 아니라면 그렇게 행동하지 않으려 노력하며 살고 있습니다.

정말 안 보면
그만일까요

"오늘 아침 출근길에 불쾌한 경험을 했어. 이른 아침부터 어떤 사람이 아이와 큰 짐을 가지고 버스를 타는 거야. 내가 출입문 근처에 있어서 아이를 안아 내 자리에 앉혀주고 무거운 짐도 받아서 실어줬어. 그런데 고맙다는 말 한마디 없이 아이만 열심히 챙기더라니까."

친구가 소주 한잔 하면서 들려준 이야기입니다. 기껏 호의를 베풀었는데 고맙다는 이야기 한마디 못 들었으니 불쾌할 만합니다. 아이를 챙기느라 정신이 없어 인사를 잊었다고 생각하기엔 납득이 안 되는 상황이었을 것입니다.

종류는 다르지만 우리는 이와 비슷한 상황을 자주 겪습니다. 엘리베이터에서 문이 막 닫히기 전에 같이 가자고 소리를 질러 세워주었는데, 헐레벌떡 뛰어와서 타고는 고맙다는 인사는커녕 전화통화를 하느라 여념이 없습니다.

  운전을 하다 보면 어떤 차들은 차선을 무시하고 막무가내로 끼어듭니다. 급한 일이 있겠지 하고 마음먹고 끼워주는데, 미안하거나 고맙다는 표시도 않고 유유히 운전합니다. 그냥 나만 먼저 가면 된다는 것이죠.

  누구나 이런 비슷한 경험 한번쯤은 겪어보셨을 것입니다. 그냥 그 사람 인성이 그것밖에 안 되는 모양이라고 생각하기엔 뭔가 찜찜합니다. 왜 사람들은 이런 실수를 하는 것일까요?

다시 만나지 않을 사람이라는 생각

나는 해답 실마리를 신영복 선생님의 책 『강의』(돌베개)에서 찾았습니다. 고전 강독 맹자 편에 나오는 이야기입니다.

  어느 황제가 맹자에게 "나는 괜찮은 군주이냐?"라고 물었습니다. 그러자 맹자가 말했습니다. "지난번에 왕께서 제사에 제물로 바칠 양(羊)이 끌려가는 모습을 보고 안쓰러워하시며 양을 염소로 바꾸라고 명하셨습니다. 왕께서는 측은지심을 갖고 계신 훌륭한 분입니다."

  처음에 이 글을 읽고 한참을 고민했습니다. 양을 염소로 바꾼 것이 측은지심이라니요. 대상만 바뀌었을 뿐 어차피 짐승을 죽이는 것은 같은데 적절한 말일까요?

신영복 선생님이 설명하시길, 그 답은 "끌려가는 모습을 보고"에 있었습니다. 아픈 모습, 끌려가는 모습을 보고도 외면하는 사람은 냉정하고 독한 사람입니다. 끌려가는 양은 봤기에 안타까웠고, 염소는 자기 눈에 보이지 않았으니 그렇지 않았다는 것입니다. 누군가가 도움을 요청할 때 그의 눈을 보고 외면하기 어려웠던 경험이 한 번쯤은 있을 것입니다. 눈에는 마음이 담겨 있기 때문이지요.

맹자가 생각하기에, 그 황제는 힘들고 고생하는 백성을 보게 되면 외면하지 않을 군주였을 것입니다. 보고도 못 본 척하는 나쁜 군주는 아닐 것이라는 점을, 짐승의 안타까운 모습을 보고도 외면하지 못한 점에서 찾았던 것입니다. '본다'는 것은 '만난다'는 것입니다. 평범한 사람은 어렵고 힘든 현장을 직접 보면 외면하기 어렵습니다. 만약 누군가에게 꼭 필요한 부탁을 해야 한다면 반드시 만나세요. 상대방의 눈을 바라보고 이야기하면 일이 성사될 확률이 높아질 것입니다. 반대로 부탁을 들어줄 수가 없는 상황이라면, 만나서는 거절하기 쉽지 않다는 점을 기억해두는 것도 좋습니다.

친구의 호의 앞에서 인사도 없이 자기 아이만 챙기는 사람, 엘리베이터를 잡아주는 호의에 나 몰라라 통화만 하는 사람, 도로에서 끼어들기를 허용해주어도 고마움을 표시하지 않는 사람이 불쾌한 결례를 했던 이유도 아마 '다시 만나지 않을 사람'이라는 생각 때문이었을 수 있습니다. 나와 관계된 사람, 다시 만나야 하는 사람이라고 생각했다면 절대로 그렇게 무례한 행동을 할 수 없었을 테니까요.

언젠가 다시 만날 사람이라는 생각

2016년 9월 딸 한결이를 창동역에서 5시간 넘게 잃어버린 적이 있습니다. 한결이는 자폐성 발달장애 1급입니다. 사회성이 부족하고 타인의 감정이나 기분을 배려할 수 없는 장애이다 보니 내키는 대로 행동하고 통제도 쉽지 않습니다.

그날 학교 행사가 창동역에서 열렸는데, 지하철을 좋아하는 한결이에겐 절호의 기회였죠. 선생님들이 주의를 기울였지만 순식간에 사라졌습니다. 한결이를 다시 찾기까지, 5시간은 부모인 우리에겐 정말 악몽이었습니다. 물론 한결이를 잃어버린 선생님에게도, 학교를 총괄하는 교장 선생님에게도 악몽이었을 것입니다.

한결이가 사라졌다는 연락을 받고 나는 일단 창동역으로 갔습니다. 교장 선생님과 담임선생님이 계시더군요.

"교장 선생님, 선생님 모두 자책하지 마세요. 아무리 주의를 기울이셨어도 막기 힘들었을 겁니다. 이탈한 것은 한결이입니다. 두 분 잘못이 아니에요. 찾을 거니까 걱정 마세요. 무조건 지하철 탔다 생각하고 찾아야 해요. 그리고 교장 선생님, 한결이 찾은 후에 신 선생님 야단치지 않으셨으면 합니다. 그 점 꼭 약속해주세요."

다행히도 많은 분들이 도와주시고 염려해주신 덕분에 몇 시간 후 창동역으로 돌아온 한결이를 찾았습니다. 내 예상대로 지하철을 타고 혜화역까지 가서 다시 창동역으로 돌아오는 기적을 연출했습니다.

한결이를 차에 태우고 집에 돌아오는 길에 아내가 물었습니다.
"선생님들께 엄청 화낼 줄 알았는데 너무 침착해서 놀랐어. 예전에 비슷한 상황이 있었는데 그 아이 부모는 선생님 멱살을 잡고 난리가 났었거든."

아내는 잘했다고, 만약 선생님께 심하게 대했다면 찾은 이후에 서로 얼마나 민망했을까 생각하니 아찔하다고 했습니다.
"한결이는 반드시 찾을 거고, 그 학교에 계속 다녀야 하잖아."

부모 입장에서 당연히 화가 났습니다. 그러나 창동역까지 가는 동안 생각하며 마음을 가다듬은 덕분에 서로 겸연쩍은 상황은 벌어지지 않았습니다.

사람들이 다투거나 크게 싸울 때 자주 하는 말이 있습니다. "안 보면 그만이야." 그만큼 앞으로 계속 만날 사람이냐 아니냐에 따라 행동이 달라집니다. 그렇다면 심하게 말로 상처를 줄 상황에서 '언젠가 다시 만날 사람'이라고 생각하는 연습을 하면 어떨까요? 상대가 실수를 하더라도 상처 주는 말을 줄일 수 있습니다. 인터넷에서 댓글을 달 때도, 나와 의견이 다르다고 강한 반론을 할 때도 언젠가는 만나게 될 사람이라 생각하는 연습을 한다면 부드러운 대화가 될 수 있을 것입니다.

얄밉게 구는 사람 대하는 법

"같은 팀에 올해 입사한 후배 두 명이 있어요. 이들이 얄미워서 견딜 수가 없네요." 광화문에서 근무하는 정현 씨의 이야기를 들으니 뭔가 심각한 문제가 있는 것 같습니다. 같은 팀에서 일하는 직원이니 안 볼 수도 없고 직장을 그만두지 않는 한 계속 같이 근무해야 하는데 참고 견디기가 힘든 모양입니다.

"저는 옆팀의 입사동기와 친해서 같이 식사도 자주하고 커피 타임도 많이 갖는데, 그 후배들이 자주 따라옵니다. 그런데 몇 달 동안 우리가 계속 밥값과 커피값을 계산하는데 후배들은 한 번도 안 내는 거예요. 더 화가 나는 건, 저희가 각자 계산하려는 눈치가 보이면 자신들은 안 마신다고 사무실에 가버려요. 반면 우리가 커피를 살 분위기다 싶으면 생각보다 비싼 걸 시키는 거예요.

정말 열 받는 건, 그 후배 둘이 어제 분명 커피를 안 마셔도 된다고 하면서 먼저 들어갔는데, 둘이서 따로 커피를 마시러 간 거예요. 얼마나 화가 나던지, 사람이 어떻게 이럴 수 있죠?"

속 좁은 사람이 되긴 싫고, 화는 나고

사회생활을 하다가 이런 사람을 만나면 얄미움을 넘어 화가 납니다. 부하직원이든 후배이든 받은 것이 있으면 적어도 세 번에 한 번 정도는 고마움을 표시해야 하는데, 그런 것을 모르는 사람을 만나면 피하고 싶어합니다.

사람의 마음은 똑같습니다. 내 돈이 아까우면 남의 돈도 마찬가지라고 생각해야 하는데, 애써 모른 척하는 것인지 아니면 정말 모르는 것인지 답답합니다. 그렇다고 후배들과 같이 가는데 따로 계산하자니 속 좁은 사람이 되는 것 같고, 또 사주자니 화가 납니다. 따라오는 사람을 오지 말라고 할 수도 없고, 몰래 둘만 빠져나는 것도 방법이 아닙니다. 진퇴양난이 이럴 때 쓸 수 있는 표현이 되기도 하네요.

"어쩔 수 없이 코가 꿰어 샀든, 코가 꺼서 샀든 일단 정현 씨가 샀다면 더 이상 불평이나 불만을 말하면 안 됩니다. 싫은 표정을 짓거나 후배들에게 잔소리를 하면 돈 쓰고도 욕먹게 되거든요."

"그럼 계속 지금처럼 속 끓이면서 사주라는 말씀이에요?"

"아니죠. 그럼 안 되죠. 방금 이야기는 커피를 사주었을 때 이야기입니다."

"그럼 어떻게 하면 좋을까요? 조언 좀 부탁드려요. 그 후배들을 볼 때마다 어떤 식으로든 해결하지 않으면 심장이 터질 것 같아요."

슬며시 이야기를 건네보세요

"화내지 말고 정현 씨 상황을 있는 그대로 담담하게 이야기해보세요. 아무리 후배들이지만 매번 내가 커피값을 계산하는 건 부담스럽다. 그러니 앞으로는 각자 계산하자고 말입니다. 대부분의 사람들은 이정도로만 말해도 이해하고 사과할 거예요. 문제는 공감능력이 떨어지는 사람들이지만요."

아무리 선배들이 자신보다 월급이 더 많이 받고 자신의 급여가 적더라도 보통의 경우 이렇게까지 얌체 짓은 하지 않습니다. 몰라서 그런 것이라면 알려주면 되지만, 알면서 그러는 사람들은 문제입니다. 공감력이 부족한 사람은 남의 입장이 보이지 않습니다. 자신의 이익에만 관심이 있기 때문에 남의 피해에 대해서는 관심 자체가 없지요. 그러므로 이럴 때는 설득이 아닌 '선언'이 필요한 것입니다.

굳이 뒷말은 하지마세요

"사람들이 그 후배들의 정체를 모르는 것 같아 속상하죠. 막 그들의 정체를 알려주고 싶지 않나요?"

"네, 맞아요. 제 마음이 그래요. 여기서 불리하면 다른 데에 붙어서 그러는 모습을 보면 달려가서 정말 이야기해주고 싶어요. 속지 말라고."

"그래도 직장의 다른 사람들에게 그 후배들 이야기는 하지 않는 게 좋습니다. 안에서 깨진 그릇은 바깥에서도 깨진다고 아마 다른 사람들도 그들의 안 좋은 점을 이미 다 파악하고 있을 겁니다. 혹시 선배들이 그 후배들에 대해서 물으면 그냥 좋은 점만 이야기해주세요.

또 하나, 혹시 나도 선배들이나 상사에게 그런 사람이 아닌지 되돌아보세요. 사장님이든 선배든 정현 씨에게 돈을 쓰면 적어도 몇 번에 한 번 정도는 사고 싶다는 의사를 표시하고 직접 계산도 하세요. 대부분 선배나 사장님은 네가 무슨 돈이 있다고 계산하느냐고 할 겁니다. 그때 '매번 계산해주니까 너무 감사해서요. 큰 금액도 아니고 이번에는 제가 계산하겠습니다'라고 마음을 표현하면 그분들이 정말 흐뭇해하실 겁니다."

내가 그러면 어떤 기분일까?

사람 관계는 어렵게 생각하면 어렵고, 쉽게 생각하면 쉽습니다. 남의 마음을 읽지 못하면 어렵고, 상대방의 생각이 보이면 쉽습니다. 타인의 기분이나 마음이 보이지 않을 때는 "내가 그 사람이라면 어떤 기분일까?"라고 생각해보면 힌트를 얻을 수 있습니다. 사람은 누구나 비슷한 생각을 하게 되니까요. '내가 하기 싫은 일, 내가 기분이 좋지 않은 일은 상대방도 마찬가지다'라는 생각만 기억하고 있다면 관계를 푸는 일이 그리 어렵지 않을 것입니다.

인정받길 원하는 사람
대하는 법

"이제 6개월 정도 된 후배가 한 명 있어요. 요즘 그 후배 때문에 스트레스를 받는다니까요. 어느 날 보니 그 후배가 고객과 전화할 때 제 말투나 단어, 뉘앙스, 톤을 다 따라하는 거예요."

고객을 만나려면 먼저 전화통화로 약속을 잡아야 합니다. 많은 영업사원들이 이를 제일 힘들어합니다. 만나서는 어떻게 하든 설득해볼 여지가 있는데 전화통화는 일방적인 거절이 많기 때문이지요. 그래서 영업사원들은 자신만의 전화통화 스타일을 가지고 있습니다. 당연히 잘하는 사람들의 스타일은 후배들의 교본이 되기도 합니다.

"후배가 현미 씨 전화 스타일을 따라하는 건 현미 씨가 일을 잘하고 있다는 증거잖아요. 좋아할 일이지 속상할 일은 아닌 것 같은데요?"

"맞아요. 솔직히 저를 따라하는 건 은근히 좋죠. 인정받는 거니까요. 그런데 그 후배에게 '너 아까 나 따라했지?'라고 했더니 그 후배가 '아니에요. 저 매니저님에게 배운 건데요?'라고 말하는 거예요. 아니, 제가 쓰는 말투에다 쓰는 단어까지 똑같은데 아니라고 잡아떼는데 정말 어이가 없더라고요."

후배들은 일을 잘하고 실적이 좋은 선배를 보고 하나하나 따라하면서 성장합니다. 현미 씨 또한 그렇기 때문에 이를 따라하는 후배가 생기는 건 당연합니다. 그게 기뻐 말을 했는데 후배가 면전에서 망신을 준 셈이니 현미 씨가 화가 날 만합니다.

인정욕구의 충돌

관계에서 발생하는 갈등이나 싸움, 분노 등의 핵심을 파고들면 거의 대부분은 '인정욕구'의 문제가 걸려 있습니다. 큰소리치는 사람의 진짜 이유는 "내 이야기를 들어줘"라는 의미이고, 화를 내는 이유는 "왜 내 이야기를 안 들어줘"의 속뜻이 담겨 있습니다. 분노하는 것도 나를 인정해주지 않고, 나의 생각과 다르게 오해하는 것에 대한 강한 의견 표출인 것입니다.

현미 씨의 입장에서 보면 따라하고 있다는 후배의 대답을 통해 자신을 인정받고 싶었던 것이고, 자존감이 낮은 후배는 그렇게 하면 자신의 존재가 더욱 하찮게 생각될까 걱정되었던 것이죠. 결국 후배도 자신이 열심히 하는 것을 인정받지 못할 수 있다는 두려움이 있었을 것입니다.

"아마 그 후배가 자존감이 낮은가 봅니다. 요즘 후배의 영업실적이 당연히 안 좋겠죠?"

"맞아요. 실적이 안 좋죠. 며칠 전 여자친구와 헤어졌다는 이야기도 들었어요."

"그래요. 자신이 안정적이지 않으면 일단 자기보호 본능이 강해지니 심리적으로 크게 위축되었을 겁니다."

"그럼 어쩌면 좋을까요?"

"후배를 도와주며 칭찬하세요. 자기가 인정받으면 남도 인정해 줄 힘이 생기거든요. 예를 들면 '저도 선배님들 따라하면서 성장했어요. 그렇게 하다 보면 점차 좋아질 거예요. 혹시 다른 도움이 필요하면 언제든 알려주세요'라든지, '열심히 하는 모습 보기 좋아요. 전화통화가 잘 안 될 때는 다른 방법도 있으니 필요하면 물어보세요. 내일 차 한잔 할래요?' 이런 이야기를 해주면 정말 고마워하고 잘 따를 것 같아요. 도움이 필요한 사람에게 도움을 주는 것, 그게 곧 인정받는 것이거든요."

누가 나에게 시비를 건다면

만약 어떤 사람이 나에게 시비를 걸거나 자꾸 딴죽을 건다면 자신의 인정욕구를 채우지 못했기 때문일 수 있습니다. 자기가 원하는 대우를 받기 위해 괜히 시비를 거는 것이죠. "나는 이런 대접 받고 싶다" 또는 "이렇게 대우해주지 않아 서운하니 이렇게 해줘"라고 말로 표현하면 좋겠지만 체면상 그렇게는 못 하고 불만을 해결하고 싶어 딴죽을 거는 것입니다.

가장 좋은 방법은 어떻게든 그 사람이 원하는 것을 알아내서 그 욕구를 채워주는 것입니다. 그렇게 인정욕구가 채워지면 나에게도 상대에게도 관대해지게 됩니다. 그 정도의 차이가 있을 뿐 사람은 다 비슷한 생각을 갖고 있습니다. 자신의 감정을 숨기고 있을 뿐이지요.

며칠 후 현미 씨는 기분 좋은 목소리로 전화를 해왔습니다.

"선배님이 시키신 대로 했더니 그 후배가 정말 고맙다고 하면서 엄청 잘하고 있어요."

나를 미워하는 사람
대하는 법

"김 부장님, 영전 축하드립니다."

김성욱 부장님은 최근 회사를 옮겼습니다. 미국계 회사로 이직을 했는데 연봉도 꽤 높아졌답니다. 오랫동안 도약을 꿈꾸며 꾸준히 준비해오셨는데, 준비된 사람에게 기회가 온다는 말이 정말 맞았습니다. 축하드릴 겸 찾아뵈었더니 기뻐해야 할 김 부장님은 푸념을 늘어놓네요.

"명로 씨, 정말 속상해요. 솔직히 창피해서 어디 가서 말도 못 했어요. 제가 여기 팀장으로 온 지 벌써 두 달이 지났잖아요. 그런데 막내 팀원 빼고는 팀원들 중 아무도 제게 인사를 안 해요. 단순히 텃세라고 하기에는 너무 심해요. 그렇다고 제가 팀원들에게 인사하라고 강요할 수도 없고요. 미국계 회사가 이렇다고 하면 아무도 안 믿겠죠."

"정말 속상하시겠어요. 왜 그럴까요? 두 달 동안 어떻게 하셨어요? 모르는 척하고 지내신 건가요?"

"제가 선임 차장보다 두 살 어려요. 여기 팀원들은 학벌도 어마어마한데 저는 지방 공대 출신이잖아요. 굴러온 돌이 부장자리를 꿰차서 그런 것 같기도 하고요. 본부장님께 상의한 적이 있는데 잘 해결하라고만 하세요. 팀원들을 불러 인사 좀 하라고 돌려서 이야기했는데 그때뿐이더라고요."

학교나 직장에서 왕따를 당하면 커다란 충격을 받고 정신적으로 힘들어합니다. 장대익 교수는 『울트라 소셜』에서 인간에게 소외감은 곧 육체적 고통과 같은 두려움이라고 밝힌 바 있죠. 김성욱 부장님이 이직 후 기뻤던 건 딱 하루 정도였을 것입니다. 이런 상황이 계속되면 결국 회사를 그만둘 수밖에 없을 텐데 걱정이 앞섰습니다.

먼저 인사하는 사람이 되어보기

"부장님이 팀장이셔서 겸연쩍기는 하겠지만 먼저 인사를 해보세요. 아마 무조건 그분들도 인사하게 될 거예요."

"네. 그런데 인사를 한다고 해서 지금처럼 왕따 당하는 게 해결될까요?"

"당연히 쉽게 해결되진 않을 겁니다. 시간이 조금 걸리겠지만,

부장님이 쑥스러움을 참고 팀원들에게 열심히 인사를 하면 한두 달이면 해결될 것 같은데요? 부장님보다 나이가 많다는 선임차장을 만나서 팀원들과 잘 지내고 싶고, 회사에 대해서도 잘 모르니 차장님 도움이 필요하다고 간곡하게 부탁해보세요. 분명 도움이 될 거예요."

    인사를 하면 답례를 하게 되어 있습니다. 만약 답례를 안 한다면 다른 사람들 눈에 '예의 없는 사람'으로 비춰지기 때문에 억지라도 하게 되어 있지요. 그렇게 인사를 하다 보면 직원들과 자연스럽게 인사하게 될 것입니다. 나이 많은 선임 차장을 내 편으로 끌어들이는 데는 "도와달라" 정도의 부탁이면 충분합니다. 진심으로 도움이 필요하다고 말하기만 해도 마음이 어느 정도 풀리는 게 사람이기 때문입니다.

괜히 싫은 사람
대하는 법

"왜 그렇게 그 사람이 싫은지 모르겠어요." 3년차 직장인 종환 씨가 했던 말입니다. 같은 팀의 선배 한 명이 너무 싫은데 그 이유를 잘 모르겠다고 합니다.

어떤 문제든 자신의 감정에 솔직할 때 해결의 실마리를 얻을 수 있습니다.

"정말 그 선배가 싫은 걸까요? 혹시 그 선배한테 인정받고 싶은 마음이 큰데, 현실은 그렇지 못하니 미워하는 마음으로 표출된 건 아닐까요? 사람은 누구나 인정욕구를 지니고 있는데, 특히 어떤 사람에겐 더 인정받고 싶을 수도 있어요. 그런데 그게 잘 안 될 때면 반대로 미움의 감정으로 자신을 합리화할 때가 있죠."

종환 씨는 아무 말도 하지 않았습니다. 아니 못 하는 거겠죠. 인정하기 싫지만 자신의 속마음을 들켰으니까요.

어느 모임이나 팀에는 구성원 간에 특별히 더 친한 관계가 있습니다. 나도 그런 사이가 되고 싶은데 어떻게 해야 될지 모르면 참 답답합니다. 그런데 그 사이에 몇 번 끼려고 시도했지만 잘 안 될 때, 열등감이 있는 사람들은 반대로 그들을 미워하기 시작합니다. 대부분 그렇게 친한 사이가 되기까지 그들에게 어떤 사연이 있고 어떤 노력이 있었는지 그 과정보다는 결과만 부러워하기 때문입니다. 그렇게 되면 모임에 나가는 것이 재미없어지고 결국은 탈퇴하는 경우도 생깁니다.

먼저 좋아하면 이긴다

한참이 지나 소주 한 모금을 들이켠 후, 종환 씨는 어떻게 하면 그 선배에게 인정받을 수 있을지 물었습니다.

"먼저 그 선배를 인정하고 좋아하면 되지 않을까요? 사람은 자기 자신을 좋아하는 사람, 자신에 관심을 주는 사람을 좋아하잖아요. 예를 들면 이렇게 해보세요. '선배님, 혹시 시간 좀 되시나요. 조언을 얻고 싶은 게 있어서요.' 회사생활의 문제점이나 작은 고민, 또는 선택 등에 대해 조언을 요청하면 누구나 좋아해요. 조언이나 도움은 곧 그 사람을 인정하는 것이니까요. 후배도 마찬가지예요. 선배가 후배에게 도움을 받고 좋았다는 것을 표현했다고 생각해보세요. 선배나 후배나 모두 자존감이 높아질 거예요.

그럼 당연히 종환 씨를 좋아하는 데 도움이 되겠지요."

그는 '어떻게 자기 속마음을 알고 있냐'고 물었습니다. 그래서 나는 이렇게 대답했습니다.

"저도 종환 씨와 똑같은 경험이 있었으니까요."

좀더 좋은 관계,
어떻게 만들까

실전! 공감력 키우는 법

공감,
나는 제대로 당신 편입니다

직장상사 때문에 회사에 사표를 내고 싶다는 친구를 만나고 온 덕봉 씨가 인간관계는 참 어렵다고 하소연을 했습니다. 친구의 이야기를 잘 들어주고 안타까운 마음에 같이 속상해했는데, 친구가 이렇게 말하더랍니다.

"생각해주는 건 고마운데, 난 동정을 원하는 게 아니야!"

그 친구는 왜 덕봉 씨에게 그런 말을 했을까요? 자신의 처지가 힘들어서 까칠해진 것일까요? 그럴 수도 있습니다. 그런데 어쩌면 덕봉 씨의 공감력이 부족해서일 수도 있습니다.

동정과 공감은 다르다

위와 같은 상황에서 사람들이 친구에게 해줄 법한 가상의 대답을 몇 가지 생각해보았습니다.

A: 부장이라는 사람, 정말 왜 그렇게 너를 힘들게 하냐? 내가 술 한잔 살게. 속상한 마음 술로 풀어보자.

B: 얼마나 어렵게 들어간 회사인데…. 그 부장이 너를 진짜 힘들게 했나 보다. 듣는 내가 속이 상한다. 오죽 답답하면 네가 그만둔다고 할까. 나는 네가 어떤 결정을 하든지 너를 믿어. 너는 매사를 신중하게 고민하고 결정하는 친구니까. 혹시 그 과정에서 내가 도울 수 있는 것이 있다면 언제든 연락해. 그나저나 직장 관두면 따로 계획이 있는지 궁금하긴 하네.

C: 너 지금 제정신이냐? 거기 그만두고 나오면 갈 데는 있고? 호강에 겨운 소리 하지 말고, 열심히 다녀. 우리 친구들 중 태반이 아직도 도서관에서 공부하며 제발 어디든 취직만 시켜달라고 기도하는 거 네가 몰라서 그래?

A의 반응은 '동정'입니다. 말한 사람의 마음에 좀더 깊이 가야 하는데 멈추어버렸습니다. 그러니 말한 사람으로서는 마치 술 한잔 사주고 위로나 해달라고 한 것처럼 느끼는 것입니다. 물론 성격이 무던한 사람이라면 이 정도 말로도 충분히 위로가 됩니다. 묵묵히 옆에서 같이 술잔만 따르며 다른 이야기를 해도, 그것 자체로 위로받았다고 생각하는 사람도 있으니까요. 하지만 예민한

사람이라면 동정을 받았다고 생각할 수도 있습니다. 특히 둘의 관계가 오래되지 않아 신뢰가 덜 쌓였다면 오히려 상대가 섭섭해할 수 있습니다.

B의 반응이 바로 '공감'입니다. 표면적인 상황뿐 아니라, 숨은 행간도 알아주었습니다. 친구의 장점을 말하며 결정을 지지해주었고, 미래의 계획까지 궁금해하며 친구의 생각을 묻고 있습니다.

유지할까 발전할까 잃을까

C의 반응은 동정도, 공감도 아닌 '상처'입니다. 친구가 얼마나 힘들었는지 궁금해하지도 않고, 자신의 생각만 늘어놓고 있죠. 차라리 입을 다무는 것이 낫습니다.

상대방의 관점에서 위로하는 것에만 그치는 것은 '동정'이고, 위로와 함께 그의 처지와 상황, 판단을 인정하고 대안을 생각하게 하는 것이 '공감'이며, 상대방 입장은 관심이 없고 오로지 내 생각과 말만 주장하고 고집하는 것은 '상처'입니다.

대화의 속성을 볼 때 공감 옆에 동정이 있고, 그 반대편에는 상처가 있습니다. 동정은 관계를 유지하게 하고, 공감은 관계를 발전시키지만, 상처는 관계를 잃게 만듭니다.

사람을 잃는 것은 모든 것을 다 잃는 것과 같다는 점 꼭 기억해두세요.

공감은
흥행 성패의 열쇠

　　　　　　　　　　우리는 가끔 이런 말을 하거나 듣곤 합니다. "상식적으로 도저히 이해가 안 돼." "어떻게 사람이 그럴 수가 있어!" "내 돈 쓰면서 왜 내가 이런 대접을 받아야 하죠?"

　상식적으로 말이 안 되고 이해가 안 된다는 것은 '같은 사람으로서 어떻게 그럴 수 있냐'는 뜻입니다. 즉 공감할 수가 없다는 것이죠. 그래서 공감은 인간으로서 느끼는 비슷한 감정이나 생각을 공유하는 것이라고 말할 수 있습니다.

　취향(기호)은 서로 다르지만, 사람의 기본적인 심성은 비슷합니다. 여러분이 좋아하는 것은 다른 사람도 좋아할 가능성이 많고, 여러분이 싫어하는 것이 있다면 그것도 마찬가지일 가능성이 높습니다. 사람들은 대부분 권선징악을 좋아하고, 내 말을 들어주는 것을 좋아하고, 맛있는 것을 좋아합니다. 반면 내 말에 반대하는 것을 싫어하고, 피해 입는 것을 싫어하고, 마음을 몰라줄 때 실망합니다. 우리 모두 이런 같은 마음이기 때문에 공감이라는 단어로 사람 사는 세상을 쉽게 설명할 수 있는 것입니다.

흥행에는 이유가 있다

흥행하는 영화나 드라마에는 공감이란 법칙이 있습니다. 충분히 현실에서도 있을 수 있는 일이라고 생각하거나, 주인공처럼 되고 싶은 마음이 생기는 거죠. 반면 사람들이 영화를 보고 나서 "공감이 안 된다"라는 반응을 보인다면 그 영화는 실패할 가능성이 매우 높습니다.

음식점도 이와 다르지 않습니다. 우리는 음식점에서 맛은 물론이고 친절, 청결, 합리적인 가격까지 기대합니다. 사람들은 지불하는 돈에 상응하는 대접을 받길 원합니다(실제로는 그 이상을 원하지요). 만약 그 조건 중에 하나라도 만족하지 못할 경우 재방문 확률은 낮아집니다.

홍성태 교수는 『모든 비즈니스는 브랜딩이다』(쌤앤파커스)에서 맥도날드는 패스트푸드 사업을 하는 것이 아니라 쇼 비즈니스(show business)를 한다고 정의합니다. 단순히 맛있는 햄버거에 집중했다면 수제 햄버거가 더 맛있을 수 있습니다. 하지만 맥도날드는 저렴한 비용의 햄버거를 팔지만 고객에게 대접받고 있다는 느낌을 보여주기(show) 위해서 주방, 화장실, 천정의 청결에 신경 썼고, 고객이 주문을 하면 큰 소리로 반응하여 대접받고 있다는 느낌을 주려고 했습니다. 비싼 음식점에 가면 주인부터 직원들까지 매우 친절합니다. 음식 가격이 낮을수록 친절도가 하락하는 경향이 있지만, 고객들은 가격에 상관없이 대우를 받고 싶어 하는 경향이 있습니다. 맥도날드는 그 점에 집중했던 것입니다. 이것도 '공감력'이라고 할 수 있습니다.

상황에 따라 공감 포인트가 다르다

경제적인 형편이 좋지 않은 사람들은 더 나아질 미래를 생각하며 고민하고 계획합니다. 이런 사람을 만나면 지금, 그리고 미래에 대한 이야기를 통해 자신감과 노력의 중요성, 지금하고 있는 일에 대한 격려를 통해 용기를 주려고 노력합니다.

경제적으로 비교적 안정된 사람들이나 윤택한 생활을 하는 부부들은 은퇴 이후를 고민합니다. 현재 얻고 있는 만족도가 미래에 유지될 수 있을 때와 그렇지 않을 때를 생각합니다. 미래의 눈으로 현재를 보게 하면서, 현재의 자존감을 유지하기 위해 미래의 계획을 고민하는 것입니다.

이처럼 경제적 상황에 따라 공감할 수 있는 내용이 다릅니다. 이렇듯 나의 일에서도 상대의 현재와 미래의 고민을 같이 생각하고 찾아내는 과정이 필요합니다. 그들과 공감할 수 있는 지점을 찾아야 힘을 실어줄 수 있기 때문이지요.

사람과의 관계도 당연히 '공감'이 중요합니다. 주위를 둘러보세요. 인기가 좋은 사람들은 예쁘고 잘생긴 외모를 가진 사람이 아닙니다. 사람의 마음을 알아주는 '공감력'이 뛰어난 사람들입니다. 내 이야기를 들어주고 반응하고 기쁨이나 아픔을 같이 느껴줄 수 있는 사람들인 것이죠.

사람의 마음을 알아주고 표현하는 것이 '공감'입니다. 일에 필요한 기본적인 자질, 사람을 향한 진심, 제품이나 서비스의 품질에 더해 감성을 자극할 수 있는 공감력이 있다면 당신은 이미 큰 경쟁력을 가진 것입니다.

사람은 설득되지 않는다, 생각만 바꿀 뿐

 미국의 대도시, 사람들이 많이 지나다니는 건물의 계단 앞에 한 시각 장애인이 깡통을 놓고 구걸하고 있었습니다. 옆에는 다음과 같은 말이 적힌 피켓이 있었지요.

 "I'm blind. Please help.[저는 시각 장애인입니다. 도와주세요.]"

 간혹 깡통에 돈을 넣는 이도 있었지만, 대부분 외면하고 그냥 지나쳤습니다. 그때 한 여성이 지나가다 말고 유심히 보더니, 안타까웠는지 피켓을 집어 들어 뭐라고 쓰고는 다시 시각 장애인 옆에 세워두었습니다. 그러자 갑자기 많은 사람들이 도움의 손길을 내밀었습니다. 시각 장애인은 그 여성에게 물었습니다.

 "What did you do to my sign?[피켓에 뭐라고 썼나요?]"

 "I wrote same but different words.[같은 말이지만 다른 단어들로 적었어요.]"

그 피켓에는 이런 글이 쓰여 있었습니다.

"It's a beautiful day and I can't see it.[아름다운 날입니다. 그리고 전 그것을 볼 수가 없네요.]"

"나는 시각 장애인입니다"라는 말은 말하는 사람의 입장에서 표현된 것입니다. 동정에 호소하고 있지만 이 글을 본 행인들은 시각 장애인이 아니기에 공감이 별로 가지 않았습니다.

"아름다운 날인데, 전 그걸 볼 수 없네요"라는 말은 길거리를 지나가는 사람들이 충분히 공감할 수 있는 말이었습니다. 그날은 표현대로 맑게 갠 아름다운 날이었으니까요. '맞아, 오늘 날씨가 참 좋네' 그런 공감이 다시 이런 생각을 가져오게 했습니다. '이렇게 좋은 날을 볼 수 없다니 참 안됐어.'

글을 말하는 사람의 입장에서 보는 사람의 입장으로 표현을 바꾸더니 반응이 크게 달라진 것입니다. 유튜브에 올라온 이 동영상은 상대방의 입장에서 말하는 것, 상대방이 받아들일 수 있는 비유를 하는 것이 얼마나 큰 힘을 발휘하는지 보여주었습니다.

사람을 설득할 수 있다는 오만

세일즈맨이 가장 많이 하는 실수는 판매를 위해 고객을 설득하려 한다는 것입니다. 고객을 설득하기 위해 제품이나 서비스의 장점을 나열하지만, 결국 자신의 이야기만 남을 뿐입니다. 듣는 이 없이 혼자 웅변하는 것과 같습니다. 듣는 사람의 생각엔 관심이 없고 내 생각과 주장만을 외칩니다.

안타깝게도 사람은 설득당하지 않습니다. 그 사람의 생각, 고집은 평생을 살아오면서 가지게 된 가치관이자 철학입니다. 사람을 말로 설득할 수 있다고 생각하면 그것은 오만한 생각이자 착각입니다. 사람들은 한 번 NO라고 대답했다면, 대화가 끝날 때까지 NO라고 대답하는 경향이 있습니다.

부부싸움에서 이런 모습을 자주 볼 수 있습니다. 누구든 분명 잘못했음에도, 또 경중은 다르더라도 둘 다 잘못이 있음에도, 절대 먼저 사과하려고 하지 않습니다. 처음에 NO라고 했으므로 자존심을 지키기 위해 고집을 꺾지 않는 거죠. 하루가 지나서 답답한 마음에 누군가가 "내가 생각이 짧았어. 미안해"라고 먼저 사과한 후에야 상대도 잘못을 시인합니다. 인사를 받고 싶으면 나부터 먼저 인사를 해야 한다는 게 여기에서도 통용됩니다.

생각을 바꿀 명분을 주어라

사람은 설득되지 않지만, 생각을 바꾸게 할 수는 있습니다. 이때 상대는 내 논리에 설득당해서 뜻을 굽히는 것이 아닙니다. 논리적인 말을 들었다고 해서 생각이 바뀌는 것도 아닙니다. 감동과 명분이 있을 때, 즉 생각을 바꾸는 것이 훨씬 용기 있는 행동이며 인정받는 것이라는 명분이 있을 때 생각을 바꾸는 것입니다.

　그러므로 상대와 갈등이 있을 때는 대화를 통해 생각을 바꿀 명분을 만들어주어야 합니다. 이때 명분을 만들어주려면 대화의 중심에 '공감'이 있어야 합니다. 스피치나 웅변이 아닌 상대가 공감할 수 있는 적절한 예화, 비유, 본인이 경험하거나 보거나 느낀 이야기를 활용해보세요. 매우 효과적일 것입니다.

부드러운 대화와 공감을 부르는 멋진 질문들

대화를 이끌어내기 위한 질문은 어떻게 하는 것일까요? 상대방의 말을 유도하기 위한 질문은 '관심'의 표현이어야 합니다. 단순히 나의 호기심을 채우거나, 사실을 확인하는 질문은 앞서 말한 것처럼 취조가 됩니다. 진짜 질문은 그 사람을 알아가는 질문과 그 대답에 반응하는 것입니다. 자, 그럼 어떤 질문이 좋을까요?

칭찬할 점을 찾는 질문

사람은 누구나 인정받고 칭찬받는 것을 좋아합니다. 그렇다고 없는 사실을 만들어 말하게 되면 그것은 아부가 됩니다. 누구나 칭찬할 점은 갖고 있으니 그것을 찾아내어 질문을 하고, 이에 대해 반응해주세요.

결과보다는 과정, 노력에 대한 질문

결과나 외양보다는 그것을 이루어내기 위해 힘들었던 여정, 노력 등에 대해서 질문을 하는 것이 좋습니다.

"돈 많이 벌었다면서요?" "장사 정말 잘 되는군요. 비결이 있나요?" "오, 사무실 좋은데요?"라는 외향이나 결과를 주제로 한 질문보다는 "여기까지 오는 동안 가장 힘들었던 이야기를 해주세요" 같은 현재 그 사람을 있게 한 과거를 묻는 것이 속마음을 끌어낼 수 있는 질문입니다.

나도 당신도 아는 것에 대한 질문

나와 대화 상대가 함께 알고 있는 소재나 이야기로 질문을 시작하는 것이 좋습니다. 기차나 버스 옆자리에 마음에 드는 사람이 앉았다고 해볼까요. 말을 걸고 싶다면 첫 질문이 중요합니다. 이때는 모두가 알고 있는 이야기를 해야 합니다. "오늘 날씨 너무 좋죠? 이런 날 여행하는 것도 참 멋집니다" 정도가 좋지 대뜸 "어디까지 가세요?" "무슨 일로 가세요?" "몇 살이세요?" 등의 질문을 던진다면 더는 대화를 이어가기가 힘듭니다.

상대가 "네"라고 답할 수 있는 질문

내가 대화를 주도하고 싶을 때는 혼자 말하고 있다는 느낌을 피해야 합니다. 그럴 때는 상대방이 "네"라고 할 수 있는 질문을 해야 합니다. "여기까지 오는데, 힘들고 어려운 과정도 여러 번 넘었을 것 같습니다"라고 말하면 대부분 "네"라고 답하게 됩니다. 그러면 "어떤 점이 있었는지 말씀해주실 수 있을까요?"라고 다시 질문하면 대화가 본격적으로 시작될 수 있겠지요.

상대의 지식을 시험하지 않는 친절한 질문

"이번에 금융소득종합과세법이 변경되었는데 알고 계시죠?"

이렇게 질문을 했다고 합시다. 이런 질문은 고객을 긴장시킵니다. 안다고 했다가 내용을 자세히 물어보면 어쩌나 걱정이 드니까요. 이런 질문은 상대에게 부정적인 마음이 들게 합니다. 질문을 할 때는 상대가 편하게 답할 수 있도록 해주어야 합니다. 질문을 한번 바꾸어볼까요?

"이번에 금융소득종합과세 금액이 4천만원에서 2천만원으로 낮아진 거 알고 계시죠?"

이렇게 질문하면 상대는 이미 알고 있더라도, 혹은 모르고 있더라도 편하게 대답할 수 있습니다. 질문은 퀴즈가 아닙니다.

상대의 지식을 시험하는 듯한 질문을 던지는 건 바보 같은 짓입니다.

긍정적이고 밝은 대답이 나올 질문

사람들은 항상 밝고 긍정적인 사람을 좋아합니다. 그것은 본능입니다. '예'나 '좋아요' 같은 긍정적이고 희망적인 대답을 할 수 있도록 질문하는 것이 좋습니다. '아니요'나 '싫어요' 같은 답이 나오는 질문은 피하는 것이 좋습니다.

질문에 걸맞는 반응

사람들은 자기 말을 들어주고 인정해달라는 생각으로 질문을 합니다. 여러분이 친구들에게 "이 옷 어때?"라고 묻는 이유를 생각해보면 쉽게 이해가 될 것입니다.

  내가 던진 질문에 상대방이 답을 하면 적극적으로 반응해야 합니다. 맞장구를 칠 일엔 맞장구를 치고, 감탄할 일엔 감탄하세요. 기쁜 일에는 크게 기뻐해주세요. 그러면 상대는 더 신이 나서 이야기를 합니다. 단, 슬프고 속상한 일이라면 짧은 탄식이 좋습니다.

어떻게 내 말에
귀 기울이게 할까

조언을 줄 전문가나 거래처 등을 소개해달라고 하면, 상대가 부담감을 가지는 경우가 많습니다. 이유는 다양합니다. 내 일도 아닌데 굳이 소개까지 해야 하나 싶을 수도 있고, 귀찮을 수도 있고, 그 사람을 소개해주기에는 아직 편한 관계가 아니라 부담스러울 수도 있고, 괜히 잘못 소개했다가 나중에 욕먹거나 관계가 소원해질까 우려할 수도 있죠.

어떻게 소개받을 것인가?

그러면 어떻게 사람을 소개받을 수 있을까요? 이 질문에 대한 해법 역시 공감입니다.

"오늘 저와 함께한 시간이 어떠셨어요? 잠시 잊고 있었던 것을 기억하게 하는 괜찮은 시간이었죠?"

"네. 좋은 말씀 정말 감사합니다. 만나 뵙기를 정말 잘한 것 같아요."

"지인 중에 소개를 부탁드리고 싶습니다. 소개라는 이야기를 들으니 걱정도 되고 부담이 되시죠?"

"네…."

"네. 저도 사장님이 부담스러워 하시는 점을 잘 알고 있습니다. 저도 이 일을 하기 전에는 그랬거든요. 그런데 제가 여러 거래처와 거래를 하지만, 소개를 부탁드릴 말한 거래처는 많지 않습니다. 원래 거래가 깔끔하고 신의가 좋은 분들 옆에는 비슷한 성향의 좋은 분들이 많이 있더군요. 그래서 부탁을 드리는 것입니다. 소개를 했다가 혹시 상대에게 부담이 될까 걱정하시는 것도 잘 알고 있고, 절대로 그러지 않을 것이라 약속도 드리겠습니다. 괜찮은 거래처를 소개해주어 고맙다는 이야기를 들을 수 있도록 할 테니 꼭 부탁드립니다."

소개에 대한 부담감을 이미 알고 있음(공감)을 강하게 어필하며, 부담이 되지 않는 선에서, 오히려 뿌듯함을 느낄 수 있도록 하겠다는 확신을 주는 것입니다.

상대방의 걱정과 경계심을 인정할 것

사람을 소개받는 것도 쉽지 않지만, 소개받은 사람에게 처음에 연락하여 인사를 하고 대화를 이어나가거나, 만날 약속을 잡는 것도 쉽지 않습니다.

특히 소개받은 사람에게 처음으로 전화를 할 때는 긴장되게 마련입니다. 안면이 없는 상태에서 전화를 해 신분을 밝히면 상대가 당황스러워할 수 있기 때문입니다. 이런 경우 나는 다음과 같은 이야기로 대화를 시작합니다.

"안녕하세요? ○○○님 소개로 전화드린 이명로입니다. 저는 ○○○을 하고 있습니다. 당장 거래처를 구하는 것도 아닌데, 영업자라고 하니 판매부터 하려고 들까 봐 부담이 되실 듯합니다. 요즘 무척 바쁘실 텐데, ○○○님을 소개해주신 분께 일을 번거롭게 만들었다고 원망하는 마음이 조금 드실 수도 있을 것 같습니다."

상대가 그런 생각을 할 수 있다는 걸 이미 알고 있으니 걱정하지 않아도 된다고 미리 안심시켜주는 것입니다. 상대의 경계심을 풀어주고 만나는 약속을 잡는 것에 집중합니다.

그렇게 약속을 잡고 상대를 만났을 때도 다시 한번 그 사람의 경계심을 인정합니다.

"이미 거래처도 있고 요즘 경기도 안 좋아서 거래처를 늘릴 형편이 안 되는데 하는 생각이 드실 것 같습니다. 소개해주신 분도 ○○○님께 절대 강요나 불쾌감을 주지 않았으면 좋겠다고 신신당부하셨으니 안심하셔도 좋습니다."

질문, 공감 그리고 인정

사람들은 자신에게 관심을 가져주는 사람을 좋아합니다. 반대로 자기 말에 반대하거나 무관심한 사람은 싫어합니다. 누군가를 만나서 "내 말을 들어달라"고 하기 전에, 상대방에게 관심을 가지고 공감하며 인정해야 합니다. 그래서 상담의 3요소를 '질문, 공감, 인정'이라고 하는 것이지요.

관심을 가지려면 질문을 해야 하고, 그 질문을 상대의 대화로 이어지게 하려면 그의 대답에 반응을 보여주어야 합니다. 그리고 그에게 공감하며 본받고 싶은 것, 칭찬하고 싶은 것을 말해주면 대화가 점점 이어지게 됩니다. 이 과정에서 상대는 그동안 말하고 싶었지만 참아왔던 것을 풀어내기도 합니다. 그렇게 이야기를 하게 되면 어느새 시간이 가고, 이제 내 이야기에도 귀를 기울이게 됩니다.

우리는 말을 쉽게 많이 할 수 없는 시대를 살고 있습니다. 그런데 자신이 말을 많이 하고 상대가 이를 잘 들어주었다면, 그것만으로도 큰 것을 얻었다는 느낌을 받게 됩니다. 그는 속시원함과 뿌듯함을 느끼며, 그렇게 이야기를 들어준 나를 인정하고 내 말에도 귀를 기울이게 되는 것입니다.

해답을 찾지 말라

대화에서 우리가 흔히 하는 실수는 상대에게 대뜸 해법을 알려주려고 드는 것입니다. 해답을 주려고 하면 상대의 이야기에 집중이 안 됩니다. 상대의 이야기를 듣는 것에 집중하기보다, 자꾸 내 관점에서 어떤 해답을 줄까, 내가 할 주장을 정리하는 데 골몰하게 됩니다. 그러니 공감이 될 턱이 있나요.

대부분의 사람들은 이미 자신의 고민에 대한 해답을 스스로 알고 있었습니다. 직장문제이든 가족문제이든, 이미 자신이 무엇을 원하는지, 무엇이 부족한지를 알고 있었으며, 어떻게 해야 하는지도 알고 있는 경우가 대부분이었지요. 다만 용기가 부족하여 미루고 있을 뿐이었습니다. 또는 그 고민에 대한 해답을 알지 못했다 하더라도, 대화를 길게 하는 과정에서 스스로 해답을 찾아내는 경우가 많습니다. 글을 쓰면서 생각이 정리되는 것과 마찬가지죠.

그러므로 상대와 대화를 할 때는 해결책을 제시해주려고 하기보다 상대의 상황을 공감해주는 것이 우선입니다. 그저 그가 다른 사람들에게는 말하고 싶어도 할 수 없었던 이야기, 말이 많은 사람이라는 선입견이 두려워 참았던 말문을 탁 터트리게 해주면 됩니다. 이게 바로 공감하는 태도입니다.

그리고 상대의 고민과 생각, 생활에 대해서 듣고 간간이 적절한 질문을 던지며 맞장구를 치다 보면, 그는 이야기를 하는 도중에 스스로 자신의 생각을 정리하고 해답도 얻게 됩니다. 그리고 우리에게도 고마워할 것입니다.

어떻게 남의 말을
잘 들을 수 있을까

나는 〈무한도전〉의 '광팬'입니다. 매주 토요일 이 프로그램을 보며 한 주간의 스트레스를 풀기도 했죠. 출연자 중 캐릭터가 극명하게 대비되는 사람이 유재석과 박명수입니다. 둘의 캐릭터가 갈리는 가장 큰 지점이 바로 경청입니다. 유재석은 상대방의 이야기를 잘 들어주지만, 박명수는 자기 이야기만 하고 다른 출연자가 이야기를 해도 잘 듣지 않고 무시하는 캐릭터이지요.

우리 주위를 보면 상대방의 마음을 얻는 사람은 말을 잘하는 사람이 아니라 잘 들어주는 사람입니다. 상대가 '내 말을 집중해서 듣고 있구나'라고 느끼게 해주기 때문입니다. 나 혼자 경청하고 있다고 주장해 봐야 상대방이 느끼지 못하면 아무런 소용이 없습니다.

문제는 경청이 쉽지 않다는 점입니다. 안하는 것이 아니라, 어떻게 해야 잘하는 것인지 몰라 난감하지요. 여기서는 경청을 잘할 수 있는 방법을 몇 가지 살펴봅니다. 고개를 끄덕이고 감탄하는 등의 반응은 이미 알고 있을 것이니 따로 언급하지 않겠습니다.

상대방의 말을 요약해주자

경청이 쉽지 않은 사람들에게 좋은 방법은 상대의 말이 끝나면 그 말을 다시 요약정리 해주는 것입니다.

"방금 말씀하신 내용을 정리해보겠습니다. 그때 의도했던 바는…."

이처럼 요약정리를 하려면 상대에 말에 집중할 수밖에 없습니다. 또 예시처럼 간간이 상대의 말을 정리해주면, 상대는 내가 집중해서 경청했다는 것을 알게 되어 긍정적인 마음을 갖게 됩니다. 이때 주의할 것은 절대 상대의 말을 중간에 끊지 말고, 말이 끝난 다음에 요약정리한 내용을 말해야 한다는 점입니다.

꼭 받아야 할 전화라면 미리 양해를

경청을 할 때는 상대의 말을 끊어서는 안 됩니다. 말을 하고 있는 중에 외부 요인으로 말이 끊기면 누구나 기분이 좋지 않습니다.

대화 중 전화가 오는 것도 마찬가지입니다. 불쾌감을 줄 수 있죠. 만약 반드시 받아야 할 전화가 있다면 대화 시작 전에 미리 양해를 구하는 것이 좋습니다. 이렇게 해두면 상대가 방해라고 생각하지 않기 때문입니다. 그 외의 상황이라면, 전화기는 무음이나 진동으로 하고 보이지 않는 곳에 넣어두고 대화에 집중하는 것이 좋습니다.

메모하자

상대의 말을 경청하는 모습 중의 하나가 바로 수첩에 메모를 하는 것입니다. 메모를 하면서 듣는 모습은 보통 말하는 사람에게 자신이 존중받고 있다는 느낌을 줍니다. 틈틈이 메모를 하며 듣는 것은 대화가 끝난 후 상대방의 이야기를 요약해줄 때도 요긴하게 사용할 수 있습니다.

고수들의
공감 대화법

외제차 영업을 하는 김영태 씨는 비교적 큰 규모의 병원을 운영하고 있는 원장님에게 3년 넘게 영업을 시도했습니다. 그런데 아무런 성과를 얻지 못했습니다. 문제는 그 긴 시간 동안 그 원장님은 아내와 자녀의 차를 다른 영업사원에게 구매했다는 것입니다. 심지어 자신에겐 견적조차 의뢰를 하지 않았다는 것을 알고 깜짝 놀랐습니다.

그동안 영태 씨는 나름 영업관리를 잘하고 그에게 신뢰도 얻었다고 생각했습니다. 거의 매주 찾아가서 잠깐 인사라도 하고, 갈 때마다 커피도 사서 들고 갔습니다. 그런데도 결과가 이러니 무엇이 문제인지 모르겠고, 힘도 빠지고, 어떻게 해야 할지 감이 잡히지 않는다고 합니다.

"원장님을 만나면 주로 뭐하고 오세요? 그분이 고민하는 문제는 무엇일까요? 꼭 그분이 아니더라도 의사 선생님들이 공통적으로 하는 고민이 무엇일까요?"

"글쎄요. 고민이야 사람마다 다르겠지만, 공통적인 관심사는 많이 버니까 어떻게 투자해야 하는지가 아닐까요. 그래서 요즘은 갈 때마다 투자정보도 드리고 명품 카탈로그도 드립니다. 또 새로 나온 고급차를 브로셔로 자세하게 설명해드려요. 그런데 제 말은 잘 들으려 하지 않는 느낌이에요."

영태 씨는 무엇을 놓쳤나?

사람은 본능적으로 자신에게 무엇인가 부탁하려는 이를 부담스러워 합니다. 그런데 좀더 살펴보면 부탁이 부담스러운 것보다, 부탁할 일이 생길 때만 찾아오는 사람을 멀리하는 것입니다.

마찬가지로 무엇인가를 팔려고만 드는 사람을 싫어하는 것도 당연합니다. 팔려고 하는 사람은 거의 대부분 자기중심적으로 이야기하니까요. 그러니 상대는 그런 사람을 부담스러워하고 싫어할 수밖에 없는 것이지요.

그럼 영태 씨는 무엇을 놓쳤을까요? 다음은 공감을 불러온 고객과의 대화입니다.

"원장님, 휴가 다녀오셨어요? 제가 지난주에 열흘 정도 유럽여행을 다녀왔는데, 친한 고객인 다른 의사선생님께 자랑하다가 당황스러운 경험을 했습니다. 그 원장님이 '저는 휴가를 아무리 길게 가더라도 5일을 넘기기 어려운데, 참 부럽고 속상하기도 하네요'라고 하시더군요. 아차, 싶었습니다."

의사, 특히 개원의들은 병원을 비울 수가 없으니 휴가를 가고 싶어도 못 가는 경우가 많습니다. 그런 노고를 알아주는 것이죠.

"친구들이 가족과 긴 해외여행을 하는 걸 보면 부럽다고 하시더군요. 그런데 친구들을 만나서 그런 이야기를 하면, 속사정은 몰라주고 돈도 많이 버는데 마음만 먹으면 휴가 갈 수 있지 않냐고 타박을 준다고 하네요. 원장님은 어떠신지요?"

이런 말을 들은 개원의 고객들은 대부분 고개를 끄덕입니다. 심지어 이렇게 한탄하는 분도 있었습니다.

"큰맘 먹고 휴가 기간에만 임시로 의사를 고용했는데, 여행을 다녀온 후에 보니 병원 관리가 완전 엉망이어서 정말 큰 고생을 했습니다. 은퇴 전에 다시는 5일 이상 여행은 못 갈 것 같아요."

사람들은 남들이 부러워하는 화려한 겉모습이 아니라, 실제 자신의 애환과 고민을 알아주고 처지를 이해하고, 자신이 처한 어려움을 이겨나가는 모습을 인정해주는 사람에게 마음을 엽니다. 내가 상대를 그렇게 공감해줄 때, 그도 나에게 공감할 수 있는 열린 마음이 됩니다. 그래서 나는 이런 말을 하곤 합니다.

"공감 받고 싶으면 내가 먼저 공감하세요."

공감받고 싶다면 먼저 공감하세요

내가 먼저 다른 사람을 인정해야 나도 그에게 인정받을 수 있는 것처럼, 내가 먼저 다른 사람에게 공감해야 나도 그로부터 공감을 받을 수 있습니다.

사람과의 관계는 신뢰에서 시작됩니다. 내가 그의 마음을 알아준다는 것을 상대방이 알게 될 때 신뢰가 생깁니다. 대화에서 처지, 상황, 직업, 나이 등을 고려해 겉모습보다는 성과를 이룬 원인이나 과정에 집중하는 것이 좋습니다.

직업의 애환과 고충을 알아주세요

얼마 전 네일숍을 운영하는 30대 초반의 여성과 상담이 있었습니다. 대화를 어떻게 시작해야 할지 고민이 많았습니다. 나이 차가 많이 나는 사람을 만날 때는 서로 통하는 화젯거리를 찾거나 공감대를 형성하기가 쉽지 않습니다. 만나기 전에 30분 넘게 고민한 끝에 이런 말을 꺼냈습니다.

"매일 손톱만 보고, 긴장한 채 한곳에 집중하느라 눈도 아프고, 머리도 아플 것 같아요. 제가 이 일을 하루 종일 그리고 매일 한다고 생각하니, 밤에 잘 때 눈이 빠질 것 같겠구나 싶더군요. 그렇게 힘든 일을 벌써 몇 년째 잘하고 있다는 이야기를 친구 분께 전해 들었습니다. 어떻게 그러실 수 있었는지 무척 궁금합니다."

그날 그녀는 눈물까지 보이며 그동안 힘들었던 이야기를 꺼내주었습니다. "장사 잘되니 좋겠다" "그래도 많이 벌잖아"라고만 하는 다른 사람들과 달리 보이지 않는 그녀의 직업적 애환을 알아주었기에 가능한 일이었습니다.

결국 자기 입으로 말하기 어렵거나 민망한 속마음을 알아주는 사람에게 마음을 여는 것이지요.

약사를 위로한 말 한마디

얼마 전 약국에 들렀을 때의 일입니다. 약 조제가 끝나자마자, 뒤에서 기다리던 제약사 영업사원이 약사에게 말을 건네더군요.

"약사님, 오늘은 '힘든' 환자를 몇 분 만나셨어요? 제가 오는 날은 한 명도 안 만나는 날인데. 맞죠? 안 만나셨죠?"

"영수 씨, 말도 마세요. 오늘은 첫 환자부터 엄청 힘들었어요. 대체조제가 있었는지 확인해야겠다면서 조제약을 다 펼쳐놓고…. 얼마나 불쾌하던지, 정말 힘 빠지는 하루네요."

"진짜 너무하네요. 약사님, 그런 환자를 만나면 힘이 쭉 빠질 것 같아요. 밖에서 보면, 약사 선생님들은 대우를 받으면서 편하게 돈을 버는 줄 아는데, 실상은 완전 감정노동이잖아요. 그래서 약사 선생님들을 만나면 되도록 즐겁고 유쾌하게 해드리려고 노력하고 있답니다. 오늘도 정말 수고하셨습니다. 다른 환자분들은 약사님의 정성에 항상 감사하고 있을 거예요."

이 대화를 들으면서 나는 간만에 능력 있는 영업사원을 만났다고 생각했습니다. 공감의 힘이 무엇인지 잘 알고 있지 않으면, 대화를 저렇게 풀어나가기가 쉽지 않기 때문입니다. 사람이 마음을 여는 것은 결과보다는 그 결과를 얻기 위해 겪는 남모르는 애환과 노력을 같이 보아줄 때입니다.

어디에 관심을 둘 것인가

이번에는 중소기업 사장님 이야기를 해보겠습니다. 한 사람은 사업을 시작하여 기반을 어느 정도 탄탄하게 닦았고, 또 한 사람은 아직 고전을 면치 못하고 있습니다.

먼저 잘 나가는 사장님을 만났을 때를 가정해봅시다. 대부분의 사람은 이렇게 대화를 시작합니다.

A: 사장님, 시작한 지 얼마 되지 않았는데, 탄탄하게 기반을 닦으셨네요. 참 대단하십니다.

그럼 이번에는 좀 다른 대화법을 볼까요.

B: 사장님을 찾아뵙기 전에 무엇이 사장님을 지금처럼 성공하실 수 있도록 이끌어주었을까 생각해보았습니다. 그 해답은 가족이었습니다. 중소기업으로 이 정도 기반을 잡았다는 것은 거의 모든 힘과 시간을 사업에 집중했다는 것이니까요. 가족과 함께하는 시간이 많지 않았을 듯합니다. 이제 사업이 자리를 잡았으니, 그런 가족들에게 조금이라도 보답을 한 것 같아 많이 뿌듯하실 듯한데, 사장님 생각도 그러신지요?

A처럼 겉모습이나 성과만을 이야기하면 대화를 계속 이어나가기 힘듭니다. "탄탄한 기반을 닦으셨다니 참 대단하십니다"라고 하면 뭐라고 대답을 할까요? 보통 애매한 웃음을 지으며 가만히 있거나, "네, 다행이지요" "기반을 탄탄히 잡기는요? 뭘" 이런 짧은 대답만 돌아오는 경우가 많습니다.

두 대화의 차이는 '시각을 어디에 두고 있는지'에 있습니다. A는 지금의 결과만 칭찬하는 것이지만, B는 사업의 성공을 위해 노력하고 희생했던 과거부터 지금까지의 모든 과정을 언급하고 있습니다. 두 대화 중 사장님의 관심을 끈 대화는 당연히 후자입니다. 이 경우 사장님은 그동안 가족들에게 못 해주었거나 미안했던 일 등을 이야기하며 말문을 계속 열 가능성이 높습니다. 대화를 이끌어내기 위해서는 전자보다 후자가 훨씬 효과적입니다.

긍정적이면 다 좋을까?

사업을 시작한 지 얼마 되지 않아 어려움을 겪고 있는 중소기업 사장님을 만났을 때를 가정해보지요.

A: 사장님, 처음은 누구나 다 어렵다고들 하지요. 잘될 것이니 걱정하지 마세요. 이렇게 열심히 하고 계신데 무조건 잘될 것이라 믿습니다.

B: 의욕적으로 시작한 사업이 뜻대로 되지 않아 속상하실 듯합니다. 가족들의 걱정을 안고 시작하셨을 텐데 성과가 예상대로 나오지 않아 많이 초조하실 듯하고요. 이럴 때는 '차라리 직장생활이나 계속할 걸' 후회도 될 것 같은데 어떠세요?

언뜻 보면 A의 대화가 긍정적인 느낌으로 훨씬 좋을 것 같습니다. 하지만 내가 수많은 사람을 만나 대화를 해본 경험으로 보면, 실제는 B의 대화가 마음을 끌어낼 수 있습니다. 사장님은 가족이나 지인들한테 약해진 마음을 보여주기 싫어 "걱정하지 마. 잘 될 거야"라고 말해왔을 것입니다. 하지만 정말 누군가에게 속마음을 털어놓고 싶을 때는 B의 대화에 더 큰 공감을 얻으셨던 것이지요.

물론 B의 대화가 낙담에 그친다면 그것은 단순히 동정에 불과해 오히려 역효과가 날 수 있습니다. 그러니 속마음을 알아주고 더 많은 대화를 이끌어내고 위로한 후에, 문제를 해결해나갈 대안에 대해 고민을 말할 수 있는 계기도 주어야 합니다. 이를테면 "사장님도 상황을 빠르게 나아질 수 있게 하는 방법을 많이 알고 계시죠? 어떤 생각들을 하고 계신가요?" 이렇게 말하면 그 사장님은 자신이 고민하고 있는 것과 생각하는 바를 말할 수 있는 기회가 주어진 것에 고마워하며 말을 이어나갈 것입니다. 사실 이런 이야기를 할 기회가 생긴 것만으로 그는 속이 시원할 것이고, 대화를 통해 자신의 생각을 스스로 정리할 수도 있어 좋아할 것입니다. 우리는 그저 그의 이야기를 들으며 공감하고 용기를 북돋우어주면 됩니다.

속마음을 읽어주는 대화

요즘 사람들은 상대에게 무관심합니다. 또 겉모습에만 치중해 쉽게 판단하고 반응합니다. 그런데 누가 자신의 깊은 속마음을 알아준다면 얼마나 좋을까요? 이런 대화를 이끌어내는 것이 아직도 많이 어렵나요? 예를 하나 더 들어보겠습니다.

여러분이 아직 취업을 못 한 친구와 술자리를 갖는 중이라고 해볼까요.

"취직해서 좋겠다. 부럽다."

친구의 말에 여러분은 어떻게 대답할까요? 이렇게 말하는 분들도 꽤 있을 겁니다.

A: 나도 처음에는 좋은 줄 알았어. 그런데 막상 직장생활을 해보니 만만치 않아. 직장상사는 개념 없이 혼내고, 날마다 야근에 회식에. 진짜 힘들다.

어떤 느낌이 드시나요. 답을 듣기만 했는데 친구가 꽤나 마음이 상했을 것 같지 않나요? 의외로 이렇게 무심한 분들이 많습니다. 물론 다음과 같이 말하는 사람도 있습니다. 이렇게 말하는 친구가 있다면 여러분은 좋은 친구를 곁에 두고 있는 것입니다.

B: 속도 상하고 시간도 없을 텐데 오늘 나와줘서 고맙다. 괜히 시간 뺏는 거 아닌가 나도 고민했어. 그런데 이렇게 네가 나오니 얼마나 반갑고 고마운지 아니. 너는 나보다 더 좋은 자리에 취업할 거라고 믿고 있어. 시간 문제일 뿐이지. 그래서 너 만나서 소주 한잔 하고 싶었어.

물론 A처럼 말하는 친구의 사정이 이해가 전혀 안 되는 것은 아닙니다. 직장생활을 해보니 생각지도 못한 어려움이 있고 힘도 드니까 친구를 만난 김에 하소연하고 싶은 마음이 생길 수 있습니다. 하지만 이런 이야기는 아직 취업하지 못한 친구에게 상처를 줄 수도 있습니다. 내 고민과 생각에 급급해서 상대의 마음을 살피지 못했으니까요.

B의 경우처럼 그 친구가 마음에 담고 있는 생각을 추측해서 말해주어야 합니다. 그의 마음을 살펴야 하죠. 내가 하고 싶은 이야기가 아니라, 상대방이 듣고 싶은 이야기를 해주고 질문하는 것이 올바른 공감 대화법이니까요.

유유상종인 이유

사람들은 환경에 따라 가치관과 생각이 달라지기도 하고, 또 환경이 사람들의 생각을 고정시키기도 합니다. 그래서 누군가의 친구나 인간관계를 유심히 살펴보면 비슷한 사람들끼리 모여 있는 경우가 많습니다. 그래서 '유유상종'이라는 말이 나온 것입니다. 의사 주변에는 의사들이 많고, 운동선수 주변에는 운동선수들이 많습니다. 교육열이 높은 학부모 주변에는 또 그런 학부모들이 많습니다. 서로의 처지와 상황에 대해 공감해줄 수 있기 때문일 것입니다.

연봉이 높은 프로야구 선수가 직장인 친구를 만나서 "운동하는 것이 너무 힘들다"고 하소연하는데 친구에게 "그래도 너는 돈을 많이 벌잖아"라는 말을 들으면 벽에 대고 이야기하는 기분일 겁니다. 상처도 받을 것이고요.

하지만 꼭 같은 직업을 가지고 있거나 비슷한 상황에 처한 사람들끼리만 대화가 통하고 친구가 될 수 있는 것은 아닙니다. 잘나가는 연예인의 고민은 활동이 뜸한 연예인의 고민과 다르고, 의사와 간호사의 고민도 다릅니다. 그 점을 알고 이해하고 공감하기 위해 노력한다면, 충분히 다른 분야의 사람도 사귈 기회를 얻을 수 있습니다.

고객을 내 편으로 만드는
공감 대화법

은행 직원들을 대상으로 세일즈 강의를 한 적이 있습니다. 예전에는 고객들이 은행으로 찾아왔기에 영업이 그리 어렵지 않았지만, 요즘은 다른 은행뿐 아니라 모든 금융기관과 경쟁해야 하므로 생존을 위해서는 세일즈 경쟁력이 필요한 상황입니다. 강의를 하면서 간단한 실습을 해보기로 했습니다.

"40대 기혼 여성이 3년짜리 적금이 만기가 되어 2천만원을 받았습니다. 그리고 이 돈을 어떻게 운용해야 할지 물었습니다. 어떻게 해야 할까요?"

수강생들이 보여준 가장 흔한 대응 방법은 이것이었습니다.

"요즘은 금리가 낮으니, 안전하면서도 조금 공격적으로 운용하는 게 좋아요. 이 상품이 요즘 고객들이 많이 찾는 인기상품입니다."

그리고 신문기사 스크랩이나 금융상품 브로셔를 보여주었습니다. 은행뿐 아니라 증권회사, 저축은행 등에서 흔히 볼 수 있는 장면입니다. 고객이 "어떻게 해야 하냐?"고 물으면 기계적인 대답만 하는 것이지요.

숨은 사연을 찾아보세요

이번에는 내가 직접 은행원 역할을 하며 롤 플레이를 했습니다.

"사모님, 3년 만기 적금을 타셨네요? 축하드립니다. 요즘은 1년 만기 적금을 타는 경우도 그리 많지 않은데…. 그동안 해지하거나 중간에 포기하고 싶었던 적도 있었을 것 같아요."
"네. 생활비를 아끼고 아껴 모은 거라 중간에 여러 번 해지할까 말까 고민했어요."
"우와. 3년 동안 2천만원이며, 매월 50만원이 넘는 큰돈을 넣은 건데, 생활비를 아껴서 모으시다니 정말 대단하시네요. 남편분도 정말 고마워하실 것 같아요."
"음. 사실 남편에게 말도 안 했어요. 알면 차를 사자고 할 것 같아서요."
"맞네요. 모으는 동안의 수고보다 그 결과물에 관심을 많이 가지더라고요. 어렵게 모은 소중한 돈이니 위험한 투자보다는 조금 안정적이고 오랫동안 지킬 수 있는 상품이 좋으시겠죠?"

공감이란 상대방의 마음을 알아주고 인정해주는 것입니다. 그러려면 먼저 상대방의 말을 집중해서 듣고 적절한 반응을 해주어야 합니다. 그래야 상대방이 다시 이야기할 수 있는 리듬을 만들 수 있습니다. 고객이 금융상품이나 자금운용법을 물을 때는 상품을 안내하기 전에 그 돈이 어떤 돈인지, 왜 모으려고 하는지, 그 시도와 목적에 대해서 공감해주면 신뢰 관계가 먼저 생기기 시작합니다. 그런 신뢰를 바탕으로 고객에게 진심으로 도움이 되는 상품을 소개하면 고객은 앞으로도 그 지점, 그 은행원을 찾게 될 것이고 충성도 또한 자연히 높아질 겁니다.

그 사람의 생각에 관심을 두세요

몇 년 전 모 수입차 매장에 들렀을 때의 일입니다. 남자들의 로망은 차라고들 하는데, 나 역시 오래전부터 그런 로망을 가지고 있었습니다. 장거리를 운전하는 경우가 많다 보니 안전하고 연비가 좋은 차를 골라야 한다고 생각했고, 특정 모델에 관심이 있었습니다. 내가 매장으로 들어가 그 차 앞에 서 있자 영업사원이 나와서 설명을 시작하더군요.

"고객님, 이 자동차에 관심을 갖고 계시는군요."

그리고 차에 대해서 설명하기 시작했습니다. 연비가 얼마고, 마력이 어쩌고, 이 차가 얼마나 좋은지, 어디가 좋은지, 어째서 좋은지 자랑을 늘어놓았습니다.

　내 경우 솔직히 차의 구체적인 사양이나 기능에 대해 아는 것이 별로 없었습니다. 나뿐 아니라 그런 사람들이 꽤 많을 것입니다. 반대로 자신이 관심 있는 차의 사양에 대해서는 미리 잘 알아보고 찾아가는 사람도 있을 겁니다. 설사 몰랐다고 해도 차에 대한 세세한 정보가 궁금하면 구입을 결정하기 전에 언제든지 인터넷에서 찾아보면 됩니다.

　나는 대뜸 차의 기능적인 부분에 대해서만 설명하느라 열심인 그를 보며 좀 안타까웠습니다. '판매'하려는 모습만 보였기 때문입니다. 그는 이렇게 말을 꺼내는 것이 훨씬 나았을 겁니다.

　"차를 바꾸실 생각이신지요. 지금 타고 있는 차가 무엇인지 궁금합니다. 평소에 저희 회사 차에 관심이 많으셨어요? 어떤 면에서 관심을 가지셨는지요."

　우선은 매장에 온 사람의 생각에 관심을 두어야 합니다. 누구나 자신에게 관심을 보여주는 사람에게 더 호의를 느끼게 됩니다. 고객에 대한 관심을 표현하고 질문을 할 때 상대도 말을 하게 됩니다. 상대가 말문을 열기 시작하면 이제부터는 경청하고 반응하며 대화의 리듬을 타면 됩니다. 그렇게 하다 보면 어느새 신뢰도 쌓이게 마련이니까요. 팔려는 차, 제품에 대한 상세한 설명은 그 이후에, 고객이 물어볼 마음이 들었을 때 해도 충분합니다.

공감을 부르는
글쓰기

나는 카페와 페이스북에 가끔 자신의 일에 자부심을 가지고 신념을 지키며 일하는 사람들을 소개합니다. 특히 좋은 농산물을 재배하기 위해 최선을 다하는 분들은 그냥 지나칠 수가 없습니다. 지금까지 옥수수, 사과, 복숭아, 감귤 등을 소개했는데 많은 분들이 나를 믿고 구매했고 만족했다는 답글을 많이 받았습니다.

소개글을 쓸 때는 단순한 광고성 문구에 그치지 않고 농사를 짓는 분의 마음을 전하려고 노력합니다. 좋은 농산물을 생산하는 농사꾼의 마음, 좋은 농산물을 찾는 고객의 마음에 공감하며 글을 쓰면 글의 형식이나 느낌이 많이 달라집니다.

노지 조생귤 소개합니다.

안녕하세요.

제주도에서 가까운 선배가 감귤 농장을 하고 있어요.

작년에도 소개한 적 있는데 모두 맛있게 잘 먹었다고 해서요.

올해도 안내해드립니다. 제주도에서 기른 노지 조생귤입니다.

10kg 1박스 15,000원(택배비 포함)

15kg 1박스 20,000원(택배비 포함)

위의 글은 SNS에서 볼 법한 피드 같습니다. 작년에 사서 맛있게 드신 분들 외에 주문할 사람이 또 있을까 싶은 것이 솔직한 심정입니다. 나는 저런 형식과 내용의 글 대신 이런 글을 써서 올렸습니다.

진짜와 가짜 이야기

우리나라에서는 가짜가 진짜보다 귀한 대접을 받는 경우가 제법 많습니다.

  우리가 좋아하는 곶감이 그렇습니다. 곶감의 색깔은 원래 검정색입니다. 감을 깎아 말리면 자연스럽게 검어지는데, 사람들은 보기 좋은 것이 먹기도 좋고 또 보기에도 좋다며 감을 말리기 전에 색이 변하지 말라고 약품을 칩니다. 우리는 몸에 좋을 리 없는 약품이 묻은 것을 진짜로 알고 맛있게 먹습니다.

칡 냉면도 그렇습니다. 칡을 말려서 가루를 낸 다음 밀가루와 섞으면 회색이 됩니다. 그러나 시중에서 우리가 사먹는 칡 냉면의 면은 칡 색깔이지요. 사람들이 칡 냉면도 칡처럼 갈색일 거라고 생각하니, 색소를 부어 칡 색깔로 만들어 파는 것입니다. 역시 우리는 가짜를 진짜로 알고 먹었던 거지요.

가짜를 진짜로 알고 더 열심히 먹어주니, 이제 시장에서 진짜가 사라지고 가짜가 판을 칩니다. 마치 영국의 금융가 토마스 그레셤의 그레셤 법칙대로 '악화가 양화를 구축'한 격이지요.

감귤도 이와 별반 다르지 않습니다. 진짜 좋은 감귤은 감귤 꽃이 떨어지는 5월 이후에는 농약을 치지 않습니다. 당도를 위해 제초제도 뿌리지 않고 일주일에 한 번씩 예초기로 잡초를 제거하느라 시간을 거의 다 소진합니다.

사람들은 표면에 광이 반질반질 나며 매끄럽고 껍질이 쉽게 까지는 귤을 최상품으로 생각하지만, 진짜 귤은 껍질이 거칩니다. 가짜 귤은 표면에 광이 나도록 농약을 열심히 치고, 수확 후에도 약품처리를 하고, 껍질이 쉽게 까지도록 열풍을 쏘이고, 마지막으로 부패 방지제까지 뿌립니다.

그런데도 우리는 그런 귤을 맛있다고 먹습니다. 약이 잔뜩 묻은 껍질을 대충 씻어 귤청이나 귤차로도 만드니 안타까운 마음만 가득할 뿐입니다.

하루 1,000박스 주문 폭주

똑같은 품질과 가격의 감귤이라면 여러분은 어느 쪽의 감귤을 주문하고 싶은가요? 내가 쓴 '진짜와 가짜 이야기'에 등장하는 감귤을 선택하는 분들이 많을 것입니다. 실제로 글을 올리고 하루 만에 주문이 폭주해 감귤이 1,000박스나 팔렸다고 합니다.

이 글에 대한 반응이 폭발적이었던 게 스토리가 좋아서, 글을 잘 써서라는 건 표면적인 이유일 뿐입니다. 이 글이 사람들의 마음을 움직이고 반응을 끌어냈다면 그건 감귤을 키우는 농부의 마음에 공감하고, 좋은 먹거리를 찾는 사람들의 관심을 알고 그것을 호소력 있게 표현했기 때문입니다. 읽는 이들이 귤을 팔려고 한다는 느낌보다 스스로 '구매해서 맛을 보고 싶다'는 욕구를 느꼈던 것이죠. 만약 사람들이 싼 가격에만 관심이 있다고 잘못 판단하고 저렴한 가격을 강조했다면 그런 결과를 얻을 수 없었을 것입니다.

눈치를 보지 말고 눈치를 채라

그래서 눈치 빠른 사람이 공감력도 좋습니다. 상대방이 어떤 생각을 하고 있는지 빨리 알아챌수록 어떻게 말하고 행동해야 할지 판단도 빨리 내릴 수 있기 때문입니다. 그렇다고 오해하면 안 됩니다.

'눈치를 보라'는 것이 아니라 '눈치를 채라'는 것입니다. 눈치를 본다는 것은 무엇인가 부족한 것이고, 눈치를 챈다는 것은 상대방이 알고 싶어 하는 것, 생각하는 것, 필요로 하는 것에 대해서 알아채는 것입니다. 뒷조사를 하라는 것도 아닙니다. 상대방과 대화할 때 집중해서 경청하고, 관심을 갖고 궁금한 걸 질문하는 것만으로도 눈치를 챌 수 있습니다. 그래서 '공감은 눈치를 빨리 채는 것'이라고 표현할 수도 있지요.

감귤 소개글을 올린 후에 메일을 여러 통 받았습니다. 그중에는 자신의 농산물을 팔아주면 판매금액의 20%를 주겠다고 제안하는 내용도 있었습니다.

그는 내가 왜 그런 글을 올렸는지 전혀 눈치를 채지 못하고, 중개 수수료를 얼만큼 제안해야 자기 농산물을 팔아줄 수 있을 것인가, 내 눈치를 보고 있었습니다. 나는 당연히 정중하게 거절하는 짧은 메일을 보냈습니다. 나는 농산물을 소개하며 어떤 대가도 받지 않습니다. 순수한 마음에 하는 일이니까요.

책이 나오면 그분이 가장 먼저 이 책을 읽어보았으면 좋겠습니다. 공감력 제로의 메일이었으니까요.

차근차근 공감력을 키우는
7가지 방법

나는 회사에서 매년 30시간의 특별 강연을 진행하고 있습니다. 3월부터 격주로 3시간씩 10번의 수업을 진행하는데, 내가 하는 수업의 핵심은 '공감 대화'입니다. 책을 읽고 토론하고, 실제 대화를 재현하기도 하고 롤 플레이도 합니다. 수년째 계속하고 있는데, 첫 해, 10번의 강의를 모두 마친 마지막 시간에 누군가가 이런 질문을 하더군요.

"선생님 말씀에 저도 '공감'합니다. 그런데 공감 대화를 하고 싶지만 너무 어렵습니다. 저는 인간관계가 서툰 편이거든요. 머리로는 이해가 되지만 가슴으로는 따라가지 못하는 제가 답답합니다."

그 이야기를 들으며 '아차' 싶었고 부끄러웠습니다. 30시간의 강의 내내 공감에 대한 이야기를 했지만, 정작 수강생들이 진짜 고민하는 것에 대해서는 눈치채지 못했던 것입니다. 공감을 주제로 한 수업에서 수강생과 공감하지 못한 반쪽짜리 강의였던 것이죠.

아마 이 글을 읽고 있는 독자 중에도 배워서 따라하는 게 만만치 않겠다고 생각하는 분들도 있을 겁니다. 그래서 공감력을 키우는 쉬운 접근법을 소개하려고 합니다. 공감은 복리 저축과 같습니다. 처음에는 어색하고 습관이 되지 않아 답답하겠지만, 꾸준하게 반복하다 보면 공감 또한 복리의 효과를 볼 수 있습니다.

1. 중간에 말을 끊지 말고 끝까지 듣자

사람들은 보통 말하고 싶은 욕구가 커서 듣는 것을 어려워합니다. 그래서 흔히 하는 실수가 상대가 말을 다 끝내기도 전에 끼어들어 내 말을 하는 것입니다. 누구나 자신의 말이 끊기면 마음이 편하지 않습니다. 아니 불쾌합니다. 무조건 참고 또 참아내면서 상대의 말을 끝까지 듣는 연습이 필요합니다. 말을 끊으면 어떠한 공감도 통하지 않습니다.

2. 상대의 말에 반응해 대화의 흐름을 타자

대화가 물 흐르듯이 이어지려면 상대의 말에 적절한 반응, 맞장구를 치는 것이 효과적입니다. 그렇다면 어떻게 반응을 해야, 내가 상대의 말을 귀담아 듣고 있음을 알릴 수 있을까요?

가장 쉬운 방법은 끝말을 따라하는 것입니다. 여자친구가 "자기야, 나 정말 속상해"라고 했다면 단순히 "왜?"라고 말하는 것보다는 "자기 속상해?"라고 묻는 것이 좋습니다. 당신 말을 들었다는 신호를 주는 것이니까요. 즉 상대방이 마친 말을 질문으로 되물어주는 것입니다.

감탄사로 맞장구를 쳐주는 것도 좋습니다. 명지대 김정운 교수는 자신의 저서에서 남자들이 골프장에 가는 이유를 공을 친 후에 "나이스 샷"이라는 감탄을 듣고 싶어서 라고 쓰기도 했습니다.

말을 들었으면 반응을 해주어야 '내 말을 열심히 들어주었구나'라고 느낄 수 있습니다. 기쁜 일이라면 정말 큰소리로 "우와! 정말! 멋지다!"라고 외쳐주고, 슬프고 안된 소식이라면 "아…, 아이고" 등의 한숨소리를 작게 내주어야 합니다. 속상하고 너무나 안타깝다면 말보다는 그냥 안아주는 것도 좋은 공감법입니다.

특히 상대가 자랑하는 것에 대해서는 정말 기쁘게 반응해주어야 합니다. 요즘은 자랑도 함부로 못 하는 사회입니다. 그러니 마음껏 자랑할 수 있도록 반응해주고, 어떻게 해서 그런 좋은 일이 생기게 되었는지에 대해 과정도 물어주면 더욱 좋습니다. 사람들은 그렇게 말을 걸어주는 사람을, 자랑하도록 멍석을 깔아주는 사람을 좋아합니다.

3. 상대방에게 관심을 가져보자

사랑이란 말을 대체할 수 있는 단어는 '관심'입니다. 그래서 사랑의 반대말이 증오가 아니라 '무관심'인 것이죠. 상대의 행동이나 표정, 외모 및 생각 등에 관심을 가지고 그것을 표현해야 합니다. 가령 주말에 직장 동료로부터 득남(혹은 득녀)했다는 문자를 받고 축하 문자를 답장으로 보냈다 해도, 월요일 출근해서 따로 축하 인사를 직접 전하는 것입니다.

"김 대리. 첫 아이지? 축하해. 산모는 괜찮고? 내가 축하하는 의미로 점심 쏠게"라고 말해보세요.

동료나 친구가 휴가를 다녀왔거나 상사의 자녀가 수능을 앞두고 있다면 이에 대해 아는 체하는 연습도 해보세요.

"김 대리 이번에 휴가 다녀왔지? 어디로 다녀왔어? 제주도! 우와, 부럽다. 제주도 어때? 난 요즘 못 가본 지 꽤 됐거든."

"부장님, 내일 따님이 수능 치르죠? 실력을 100퍼센트 발휘하기를 기도하겠습니다. 좋은 결과 있을 겁니다. 부장님도 긴장되시겠지만 너무 마음 졸이지 마십시오."

묻는 말에는 긍정적인 반응을 보여주세요. 동료 중에 누군가가 미용실에 다녀온 후, 또는 쇼핑을 한 후에 "내 머리 어때?" 또는 "내 옷 어때?"라고 물었다고 해요. 이 말은 지적해달라는 것이 아니라 칭찬해달라는 것입니다. "오호, 이쁜데"라고 해주면 제일 좋고, 그 정도 대답까지 할 상황이 아니라면 "괜찮은데" 정도로 대답을 해주는 것이 좋습니다. 가장 답답한 건 "영 이상한데"라고 말하는 사람입니다. 특히 여러 사람 앞에서 그런 말을 하는 경우가 있는데 절대 해서는 안 될 행동입니다. 조언을 하고 싶다면, 굳이 여러 사람들 앞에서가 아니라 나중에 따로 이야기하는 것이 좋습니다.

안타까운 건 상대가 자신이 결정한 것에 대해 물어왔을 때, 대뜸 "왜 그런 결정을 했어요?"라고 핀잔부터 주는 경우입니다. 누구나 지적을 당하는 것을 어려워하고 싫은 감정이 들게 마련입니다. 나도 어렵고 여러분도 어렵습니다. 그 결정에 의아함이 생긴다면 이렇게 말하는 게 낫습니다.

"아, 그런 결정을 하셨군요. 그 결정을 하게 된 특별한 이유가 있나요?"

일단 이렇게 말을 꺼내 대화가 길게 이어지도록 한 다음에 상대의 말을 들어보고 반응을 보여도 늦지 않습니다.

4. 질문으로 말을 마쳐보자

상대의 말을 어느 정도 들은 후 우리가 자주 하는 실수가 "이렇게 해봐, 저렇게 했어야지" 처럼 자신이 결론을 내는 것입니다.

가족이나 자기보다 어린 후배들에게 이런 실수를 가끔 합니다.

상대가 말을 마친 후에는 결론을 내리기보다 질문을 통해서 말한 사람이 스스로 답하게 해야 합니다. 친구에게 남자친구와 싸운 이야기를 들은 후에는 "차라리 헤어지는 것이 낫겠다"라고 단언하는 것보다 "그래서 헤어질 생각을 하는 거야?"라고 질문형으로 말하는 것이죠. 어차피 결론은 스스로 내리는 것이니까요.

속상한 일을 이야기했다면 위로를 넘어 그 과정에 대해 공감해주고 가능하면 대안에 대한 '질문'을 해보세요. 답을 주라는 게 아닙니다. 대안과 관련된 질문을 하라는 것입니다.

가령 공무원 시험을 열심히 준비했지만 낙방한 친구가 있다면 "정말 열심히 한 것 내가 알고 있잖아. 그래서 나도 참 속상하다. 계속 공부할 생각이야?" 이렇게 물어보면 다시 친구는 자신의 속내를 비추게 될 것이고, 그때 잘 생각했다고 격려해주면 됩니다.

질문은 칭찬에도 사용될 수 있습니다. 질문을 통해 칭찬을 하면 공감도를 더욱 높일 수 있습니다. 이를테면 어떤 행동의 결과가 나오면 그것을 해야 했던 이유를 좋은 쪽으로 질문하는 것입니다. 저축을 열심히 하고 있는 미혼 남녀라면 "제가 만난 미혼이신 분들 중에서 재테크 습관이나 태도 부분에서 상위에 드십니다. 이렇게 저축할 때마다 쓰고 싶거나, 중간에 그만두고 싶었던 적은 없었는지요?" 질문인 것 같지만 자연스러운 칭찬입니다. 이런 칭찬은 자존감도 높여줍니다.

5. 구체적으로 칭찬하자

사람들은 기본적으로 '인정욕구'를 가지고 있다고 했습니다. 칭찬을 할 것이 있다면 주저하지 마세요. 다만 구체적으로 칭찬해주세요.

"사장님, 오늘 입으신 옷 참 잘 어울리네요. 사모님의 패션 센스가 훌륭한 듯합니다." 사장님을 칭찬한 것 같지만 실제는 사모님도 칭찬하고 있습니다.

사람들은 자신 앞에서 본인의 험담을 직접 듣는 것보다, 다른 사람을 통해 그 험담을 전해 들었을 때 기분이 더 상합니다. 단 둘이 있을 때 나의 잘못된 점을 지적하면 인정하고 고칠 수 있지만, 다른 사람을 통해서 들으면 둘에게 동시에 욕을 먹는 느낌이라 기분이 훨씬 나쁘고 인정하기도 싫기 때문입니다.

칭찬도 이와 같습니다. 다만 반대인 것은 단 둘이 있을 때 칭찬받는 것보다 다른 사람을 통해 칭찬을 했다는 이야기를 전해들을 때 기쁨은 배가 된다는 것이죠.

6. 상대가 생각하고 있을 법한 것을 질문하자

공감을 하려면 상대가 생각하고 있는 것을 말해주는 것이 좋습니다. 점쟁이도 상대의 생각을 맞추는 것은 어려울 것입니다.

하지만 사람의 생각은 비슷합니다. 상대의 이야기를 충분히 듣고 그 순간 그 사람이 되어보세요. 내가 느낄 수 있는 감정은 그와 크게 다르지 않습니다. 영화나 드라마 속 주인공이 슬픈 상황에 처하면 눈물이 나오는 것은 그 순간만큼은 우리가 주인공이 되어 있기 때문입니다.

겉모습을 통해서도 상대의 상황을 추측할 수 있습니다.

"힘들지? 피곤하지? 많이 힘들어?"

이 정도는 누구든 알 수 있기에 가능한 말입니다. 기쁜 상황일 때는 "우와! 멋지다!" 같은 감탄사만으로도 충분히 공감을 표현할 수 있지만, 슬프거나 안 좋은 상황일 때는 질문형으로 말하는 것이 부드러운 공감을 이끌어내기에 좋습니다.

공감을 연습하다 보면 표면적인 말 뒤에 숨어 있는 속마음이 보일 때가 있습니다. 공감을 정말 잘하고 싶다면 '이런 때 나라면 어떤 감정이 생기고, 무슨 생각을 할까?'라고 고민해보면 답을 찾을 수 있을 것입니다.

7. 문제를 해결하려 하지 말자

공감을 통해 위로와 격려, 자존감을 높여주려고 하다가 자주 하는 실수가 바로 충고나 조언입니다. 특히나 가까운 부부, 가족 및 후배 등 내가 영향력을 발휘할 수 있는 사람들에게 이런 실수를 범하기 쉽습니다.

  대부분의 경우에 상대는 무엇을 어떻게 해야 할지 이미 알고 있습니다. 그래서 당사자가 직접 요청하지 않는 한, 조언은 절대로 섣불리 하지 않는 것이 좋습니다.

  공감은 상대방에게 위로를 주고 대안을 생각하게 하는 마음이나 태도를 만들어주는 것이지 해법을 주는 것이 아닙니다. 섣불리 조언을 한답시고 해법을 생각할수록, 상대의 말을 경청하지 못하게 되어 불쾌감을 줄 수 있습니다. 또 자꾸 내 의견에 동조하라고 강요하는 말투를 사용하게 되고, 자기의 생각이나 가치관을 강요하게 됩니다. 그러면 공감은커녕 강권이나 명령 같은 분위기를 풍겨 상대의 기분만 상하게 만들 위험이 큽니다. 그렇게 되면 더 이상 대화가 이어지지 않겠지요. 마음의 상처만 주게 됩니다. 섣불리 조언하려 하지 말고, 그냥 알아주고, 보듬어주고, 믿어주세요. 그리고 난 후 대안을 '질문'해보는 것으로 만족해야 합니다.

에필로그

공감 근력,
쓰면 쓸수록 더 좋아집니다

목표를 정했다고 해서 목표를 쉽게 달성하는 건 아닙니다. 단순히 목표를 정한 것에 멈추어선 안 됩니다. 끊임없이 목표를 의식하며 목표를 이루기 위해 노력하고 자신의 에너지를 사용해야 비로소 목표에 가까워집니다. 공감도 그렇습니다. 끊임없이 공감하려고 애써야 비로소 공감할 수 있습니다.

사람의 1차적 존재 목적은 생존입니다. 일단 자신의 생명을 안정적으로 유지한 후에야 비로소 다른 사람이 보입니다.

문제는 목숨이 위태로울 때만 이 생명유지 본능이 나오는 것이 아니라는 겁니다. 우리 뇌는 배고픔, 피로, 피곤, 체력저하, 건강 악화는 물론이고 스트레스, 조급증, 분노, 노여움, 짜증 등 부정적인 감정도 목숨이 위태로울 때와 비슷한 아픔으로 간주합니다.

이런 시기에는 인내심도 바닥이 나고 사소한 일에도 화를 내거나 짜증을 부리곤 합니다. 뇌가 생명유지 본능에 충실하기에 그렇습니다. 그래서 심리학자 로널드 잉글하트는 "개인의 안정성이 공감을 증가시킨다"라는 결론을 내렸습니다.

우리 집 아들이 아니다

우리는 가족이나 친한 친구에게는 당연히 나를 이해해줄 것이라 안심하고, 상대의 처지나 상황에 오히려 더 둔감하며, 공감하지 않는 실수를 범하기 쉽습니다.

한 선배는 냉장고에 "우리 집 아들이 아니다"라는 글을 크게 써서 붙여뒀다고 합니다. 다른 집 아이들에게는 상냥하고 친절하게 대하면서 정작 아들에게는 그렇지 못한 자신을 반성하면서 기억하기 위해서라고 합니다. 참 좋은 방법이지요.

공감력은 마치 테니스와 같습니다. 일주일에 며칠씩 열심히 레슨을 받지만 막상 실전에 들어가면 레슨 받은 대로 스트로크가 나오지 않습니다. 연습을 하지만 아직 근육이 기억하지 못해 무조건 반사가 되지 않아 그렇습니다. 공감과 소통도 마찬가지입니다.

나라고 다르지 않습니다. 특히 아이들이나 아내, 어머니 등 가족에게는 공감해야 한다는 생각마저 잊는 경우가 있습니다. 그만큼 공감은 어렵습니다. 편한 대로 살려고 하는 관성, 이기적인 습관이 아직 몸에 있어 그럴 지도 모르겠습니다.

  그래서 이런 이야기를 가끔 듣습니다.

  "자기는 밖에 나가면 공손하고 상냥한데 왜 그렇게 어머니께는 그렇게 차갑게 굴어?"

  "선배님은 강의마다 항상 공감을 중요시하잖아요. 그런데 왜 후배들에게는 공감해주지 않나요?"

공감, 알지만 어려운 것

남들에게 하는 것처럼 어머니에게 공감할 것, 강의시간에서 알려준 것처럼, 고객들을 만나서 말하는 것처럼 후배들에게도 상냥하게 경청해주고 공감해줄 것, 모두 알고 있습니다.

  알면서도 쉽지 않습니다. 아니 참 어렵습니다. 이런 나의 부끄러운 모습을 공개하는 것은 공감이 그만큼 어렵다는 것을 말하기 위해서입니다. 자연스럽게 공감하고 행동해야 하는데 현실은 그렇지 못합니다. 그만큼 공감은 사람에게 생각과 노력을 요구합니다. 에너지를 써야 만들어갈 수 있는 것이 공감입니다. 상대방의 말에 집중하고, 그 말 뒤에 숨어 있는 의미를 찾아내기 위해서는 그 주변에서부터 행동 하나까지 섬세하게 관찰할 수 있어야 합니다.

매일 반성합니다. 말 한마디 할 때마다 생각이 많습니다. 혹시 내가 말을 잘못해서 상대가 상처를 받고 낙심할 수도 있으니까요. 잊지 않고 기억하려고 합니다.

이 글을 읽고 계실 독자분들도 마찬가지입니다. 이 책을 한 번 읽고 바로 실천에 옮기는 것은 쉽지 않습니다. 다만 내 말 한마디로 기뻐하는 상대의 모습을 보고, 누군가로부터 고맙다는 대답을 들으면 그 기쁨에 다시 공감하고 소통할 힘을 얻게 될 것입니다.

모르면 아예 시도조차 할 수 없습니다. 알고 조금씩 연습하듯 따라하면서 자신의 행동과 말이 타인의 자존감을 높여준 기쁨을 차차 경험하면 됩니다. 그 경험이 여러분을 한 걸음씩 앞으로 나아가게 만들 것입니다. 잊지 마세요. 공감 근력은 쓰면 쓸수록 더 좋아집니다.